雪遊び
達人ブック

雪遊び達人倶楽部【編著】

いかだ社

目次

雪遊び

雪の造形

実験・観察

Column

【雪遊び達人倶楽部】

北海道の理科教員を中心に組織されているサークルWisdom96（http://www.wisdom96.com）のメンバーで、この本の執筆のために結成された「雪遊び人」組織。この冬も、新しい遊びや発見のために、雪原へ繰り出す。「川遊び達人倶楽部」や「山遊び達人倶楽部」も結成予定。

雪遊び

雪遊びの準備をしよう

カラー➡p34

氷点下まで冷える雪国の冬。不十分な格好で長時間遊んでいると、しもやけになってしまいます。子どもにどんな服装をさせたらよいか悩んでしまいますね。寒さを気にせずに雪遊びできるよう準備はしっかりとしましょう。

帽子は耳まで隠れるものを

耳はとても冷えやすく、寒い日にはすぐに真っ赤になってしまいます。そこで、帽子は耳を覆い隠すことができるものを選びましょう。毛糸の帽子は温かい上に頭部の保護にもなるのでおすすめです。

インナーとアウター選び

雪遊び用ウェアに必要なのは、保温性と動きやすさです。ツーピースでは、遊んでいる最中に背中やおなかの部分から雪が入ってくることもあります。

幼児にはワンピースがおすすめです。小学生以上ならば脱ぎ着がしやすいツーピースでもよいでしょう。

インナーには、フリース製のハイネックタイプのシャツが温かいのでおすすめです。ハイネックがなければ、マフラーを巻きましょう。

「インナーで温かく!」が基本です。

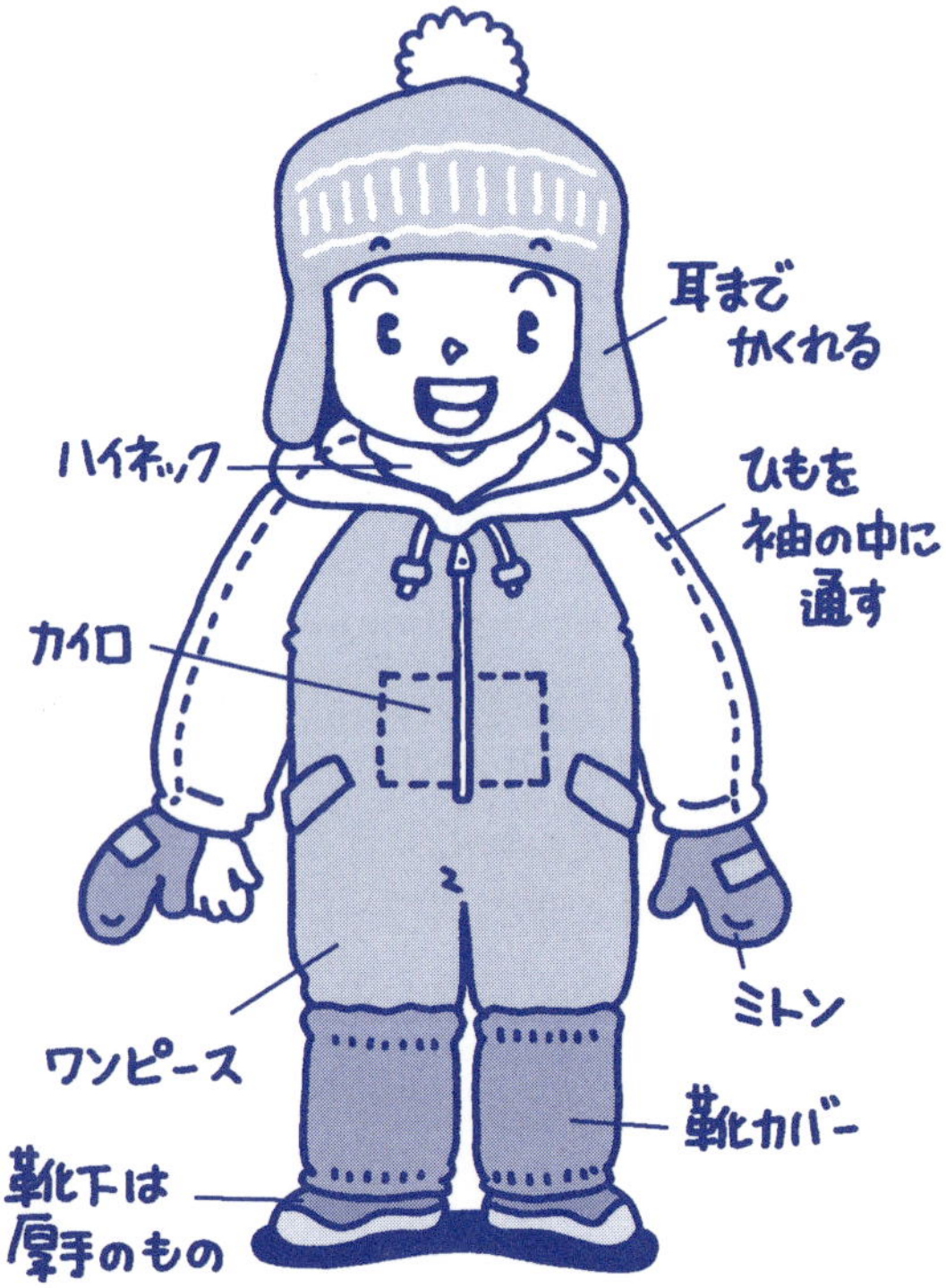

着替えも忘れずに

忘れてはならないのが着替えです。下着やズボンはもちろん、手袋や靴下等も可能な限り準備しましょう。濡れたままでいたり、汗の処理を怠ったりすると、かぜをひく原因になります。

雪のびっくりメモ★濡れても靴の中まで濡れない、保湿性に優れていて温かい、靴底に滑りにくい工夫がされている。これらの条件を満たす靴を冬靴と ↗

靴カバーの用意を

靴の中に雪が入ってくると、冷たくてとても遊びどころではありません。それを防ぐために靴カバーは欠かせません。靴下は厚手のものがおすすめですが、普通のものを 2 枚重ねにして履いても良いでしょう。

手袋は年齢にあわせて

雪遊び用の手袋には 5 本指タイプとミトンタイプがあります。

幼児には、着脱しやすいミトンタイプがおすすめです。手袋に毛糸のひもをつけておくと落としたり、なくしたりするのを防げます。また、手袋の手首のところはウェアの袖の中に入れ、雪が入ってこないようにしましょう。

小学生以上ならば 5 本指タイプでもよいでしょう。大きめの雪玉をつくるには、 5 本の指が自由に使える方が便利です。

カイロの使い方

寒さ対策の一つにカイロがあります。貼るタイプのものは、インナーのおなか側、背中側に貼ると温かさが保てます。足の裏に貼るタイプもありますから屋外での活動に合わせて準備しましょう。

貼らずに使うタイプの場合、外気にさらしたまま、直にカイロに触れてもあまり温かくなりません。ポケットに入れておき、その中で触れて手を温めるのが一番良いでしょう。

これらに気をつければ寒さ対策はバッチリです。外に出て、雪遊びを楽しみましょう。

↘ いいます。靴底に金属のスパイクがついている靴もあります。空港等では、普通の靴に取りつける簡易スパイクも売られています。

雪遊び

雪の上に寝転んでみよう

さあ、雪遊びの準備ができたら、外に出かけてみましょう。公園やグラウンド、牧草地といった広い場所に雪がたくさん積もっていたら、寒さなど気にせず、雪の中に飛び込んでみましょう。

雪の上に寝転んでみよう

まずは雪の上に寝転がってみましょう。フカフカして気持ちがいいですね。

雪がたくさん降って、深く積もっているときには、思い切って雪の中に倒れ込んでみるのもよいでしょう。雪の中で泳ぎの真似をするのもなかなか楽しいものです。

次に新雪に顔をそっと押し付けて顔型をとってみましょう。少し冷たいのですが、そこは我慢です。何人かで集まって、顔型をつくれば、顔型当てゲームをすることもできます。

雪の上に寝転んだり、倒れ込んだりすると雪面に跡が残ります。ゴロゴロ転がってみると、さらに模様がつくのがわかります。様々な転がり方でバラエティーに富んだ模様をつけてみるのも楽しいものです。そうして遊んでいる間に雪がかたくなってきましたね。

雪のびっくりメモ★ 雪道では、足の裏全体を地面につけて、急がず焦らず余裕をもって小さな歩幅で歩くのが、転ばないコツです。

雪に絵を描いてみよう

雪がかたくなってきたら、手や足を使って、雪面に絵を描いてみましょう。木の枝を使ってみても良いでしょう。

絵が上手にできたら、次は絵の具を溶いた水を大きめのはけにつけて、色をつけてみましょう。色がにじんでしまうようであれば、さらに雪を足で踏み固めてから絵を描くと、色がにじまずに、きれいに仕上げることができます。

さて、みなさんは大きく真っ白な雪のキャンバスにどんなものを描きますか……？

雪のびっくりメモ★ 冬の寒さが厳しい地域では車のワイパーが凍ります。そこで全体がゴムで包まれた凍りにくい冬用のワイパーを使います。

雪のびっくりメモ★スキーヤーなどに喜ばれるさらさらした「こな雪（パウダースノー）」は気温が低く、比較的空気が乾燥しているときにできます。↗

雪遊び

雪を使ってままごとをしよう

雪の上に寝転がったり、絵を描いたりした後は、砂遊びの道具を使って遊んでみましょう。雪を使った遊びには、砂場で遊ぶのとはひと味違った楽しさがあります。

準備するもの

砂遊びの道具に使えるもの（バケツ、シャベル、熊手など）、プリンカップ、おもちゃの皿や鍋など
※雪でテーブルやイスをつくるときは大きめのシャベルを用意しましょう。

基本は砂遊びと同じ

砂遊びの道具を使って、山をつくったり、穴を掘ったりしてみましょう。雪を手にとって、ぎゅっと握れば雪でできたおにぎりやお団子の完成です。お皿にたくさん盛って楽しんでみましょう。

プリンカップやバケツに雪をつめてひっくり返すと、プリンのような形になります。できたプリンに色をつけてみても楽しいですよ。

大人と一緒に本格的なランチ

大人と一緒に雪でテーブルやイスをつくって雪上ランチを楽しんでみましょう。ハイキングのときに食べるお弁当がおいしく感じるように、雪に囲まれてとる食事もおいしく感じられるはずです。

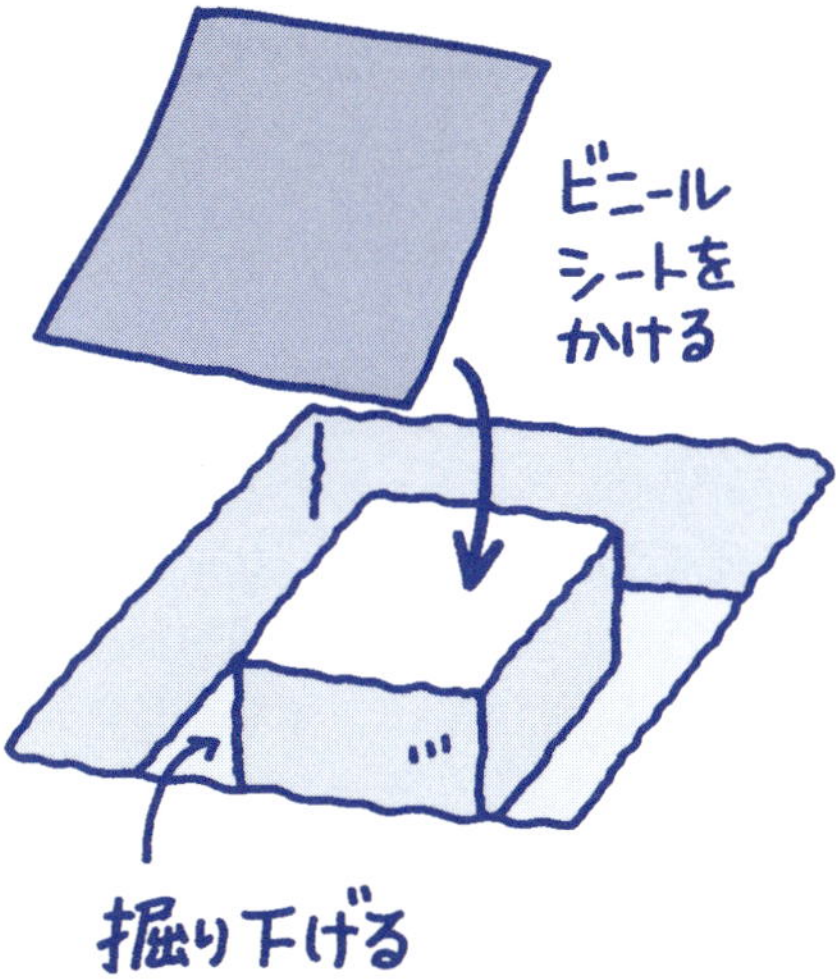

●テーブルづくりとイスづくり

まずイスやテーブルをつくりたい場所の雪を足で踏み固めます。次にスコップやシャベルで足を入れる場所を掘り下げます。足が入る位の深さまで掘り下げたら、足の入れ場を踏み固めて完成です。

テーブルにビニールシートを敷き、イスに断熱マットを敷くとよいでしょう。

●雪の上で食事をしよう

雪のテーブルとイスが完成したら、保温ボトルに温かい飲み物を入れて、おにぎりやサンドイッチを楽しみましょう。

プリンやゼリーは天然の冷蔵庫で冷やしておけば、ほどよく固まっておいしく食べることができます。

かまくら（56ページ）やイグルー（58ページ）の中で食事をするのもいいですね。

↘ それに対し、雪だるまづくりなどに適する「ぼたん雪」は、地上付近が3℃位という比較的高い気温のときにできます。

雪遊び

雪中木登りをしよう

カラー➡p35

雪の上でごはんを食べたあとは、雪が降ったときにしかできない遊びをやってみましょう。

みなさんは木登りをしたことがあるでしょうか。枝が高いところにあってとどかないし、何しろ落ちたら痛そうなので、木登りなんてしないですよね。

ところが、雪がたくさん積もると、高いところにある枝にも手が届いて、木登りが意外とできるのです。さあ、木登りにチャレンジしてみましょう。

遊び方

①木のまわりに危険な物がないかどうか調べます。

※まわりに大きな岩や倒木などがあると危険です。

②幹や枝を揺さぶって枝の雪を落としてみましょう。

③丈夫そうな枝にぶら下がってみます。

④幹や太い枝に足をかけながら、あわてずにゆっくり登りましょう。

木に登ったらまわりを見回してみましょう。

動物の足跡や鳥がエサをついばんだ跡が発見できるかもしれません。

登っているときに足が滑ったり、登っている人が落ちてきて、思わぬケガをするかもしれませんから、木登りはできるだけ大人が一緒のときにしましょう。

雪のびっくりメモ★ トドノネオオワタムシというアブラムシの仲間は「ユキムシ」と呼ばれています。おしりにロウのような物質をつけているので、↗

雪遊び

雪中坂下りをしよう

公園やグラウンドにある雪山に登ってみましょう。高いところから見る雪景色は、いつも見慣れている景色とは違って見えますね。

さて、雪山に登ったからには楽しく坂を下りてみましょう。スキーやそりがなくても十分に楽しめます。

緩やかな坂の下り方

①斜面に横たわります。

②横向きに転がりながら斜面を降ります。

雪玉が転がっていかないような坂で遊びましょう。雪がやわらかいときにやると、転がった跡がついて楽しいですよ。

急な坂の下り方

①斜面に座ります。

②座ったままですべり降りてみましょう。

※両足を上げて、おしりだけですべるのがコツです。

切り株や岩がなさそうなところを選んですべりましょう。雪が降ったばかりのときにすべると、雪けむりをあげて豪快にすべることができます。

※道路脇など車が通るところや川の近くの坂ですべるのは危険なので絶対にやめましょう。

↘ たくさん飛ぶと雪が降るように見えるのです。この虫が出てくるようになると、もうじき雪の季節がやってきます。

雪のびっくりメモ★童謡「雪」は「雪やこんこあられやこんこ」という有名な歌詞で始まります。「こんこ」の語源は「来む来む」（降れ降れ）または、↗

雪遊び そりすべりバリエーション

カラー➡p35

今度はそりを使って、いっきに下まですべり降りてみましょう。たまらないスピード感でスリル満点です。

そり遊びのバリエーションには2人、3人でつながってすべる方法もありますが、転んだときに上からすべってきたそりがぶつかって、けがをすることもあります。

ここでは、米袋やブルーシートを使った安全なすべり方をいくつか紹介しましょう。

米袋ですべろう

米袋に座り、端を持ってすべるだけでも十分に楽しむことができます。幼児の手では、袋を持つことが難しいかもしれません。そんなときにはひと工夫しましょう。袋の角2か所に穴を開けて、足を入れる場所をつくり、ズボンのようにはくのです。これで簡単にすべることができます。

口の部分をガムテープでしっかり固定し、ひもをつけてもよいでしょう。米袋の中にクッションや段ボールを入れて工夫してもいいですね。袋に好きな絵を描いて、オリジナルのそりをつくりましょう。

ブルーシートですべろう

人数に合わせた大きさにたたんですべります。５～６人で一緒にすべって楽しむことができます。

横並びに座ってすべることも、縦並びで座ってすべることもでき、すべり方のバリエーションが数多くあります。

↘「来む此」（ここに降れ）と考えられています。つまり、「雪よ降れ降れ、あられよ降れ降れ」という意味であると解釈できます。

雪遊び
手づくりスキーで遊ぼう

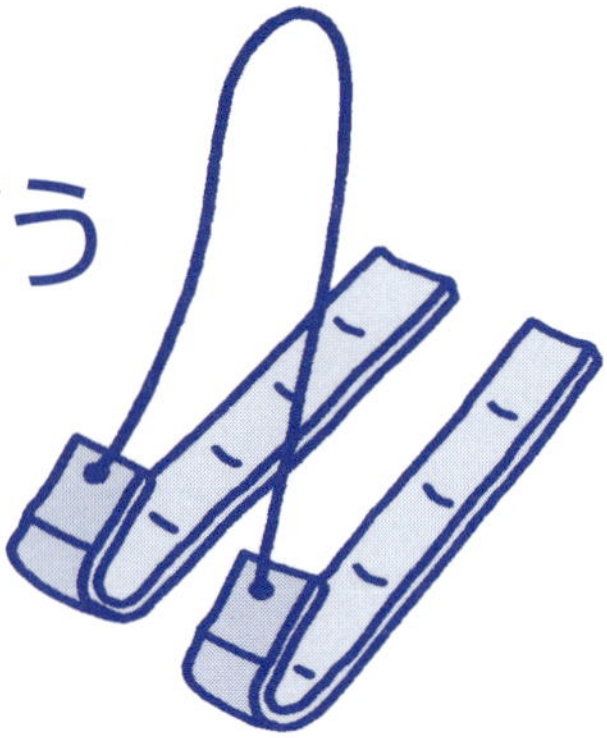

そりすべりの次は、冬のスポーツの代表格でもあるスキーに挑戦してみましょう。

昔の子どもの遊びである竹スキーはつくり方が簡単で、とても楽しい遊びです。竹が手に入りにくい場合は、ペットボトルでつくるペットボトルスキーに挑戦してみましょう。

準備するもの

竹（直径5cm、長さ80cm位）、なた、木づち、キリ、ナイフ、ひも

竹スキー

【つくり方】

①竹を立てて、なたと木づちで2つに割ります。

②きりで、竹の片端に穴を開けます。

③竹の中心より穴側の方をストーブなどの火で5分ほどあぶり、竹を曲げやすくします。

④竹の端に乗り、一方を足で押さえ、もう一方を手で引っ張るようにして竹を曲げ、冷えるまで待ちます。

⑤ふしをナイフで削ります。

⑥穴にひもを通し、2つの竹をつなぎ、完成です。ひもの長さは、少し前のめりの姿勢でひもがピンと張るくらいがよいでしょう。

※長さ30cm位の竹を使って、竹スキーを靴に引っかけてすべる方法もあります。

雪のびっくりメモ★ 山からすべり降りるゲレンデスキーでは、できるだけすべりやすくするためにワックスを塗ります。雪原を歩くように滑走する ↗

ペットボトルスキー

準備するもの

2ℓのペットボトル、ひも、カッターナイフ、キリ、ガスライター

【つくり方】

①ペットボトルの口の部分と底の部分をカッターナイフで切り落とした後、半分に切ります。口の部分と底の部分はとてもかたいので、手を切らないように気をつけましょう。

②切り口でけがをしやすいので、ガスライターなどの火でペットボトルをあぶり、とかして丸めます。（危険なので、大人の人にやってもらいましょう）

③ペットボトルの口の方を前にし、キリで２つ穴を開けます。

④開けた穴にひもを通して、ひもの両端を結びます。ひもの長さは、少し前のめりの姿勢で、手でひもを引っ張ってピンと張るくらいにするとすべりやすくなります。

⑤残り半分のペットボトルも同様につくって、完成です。

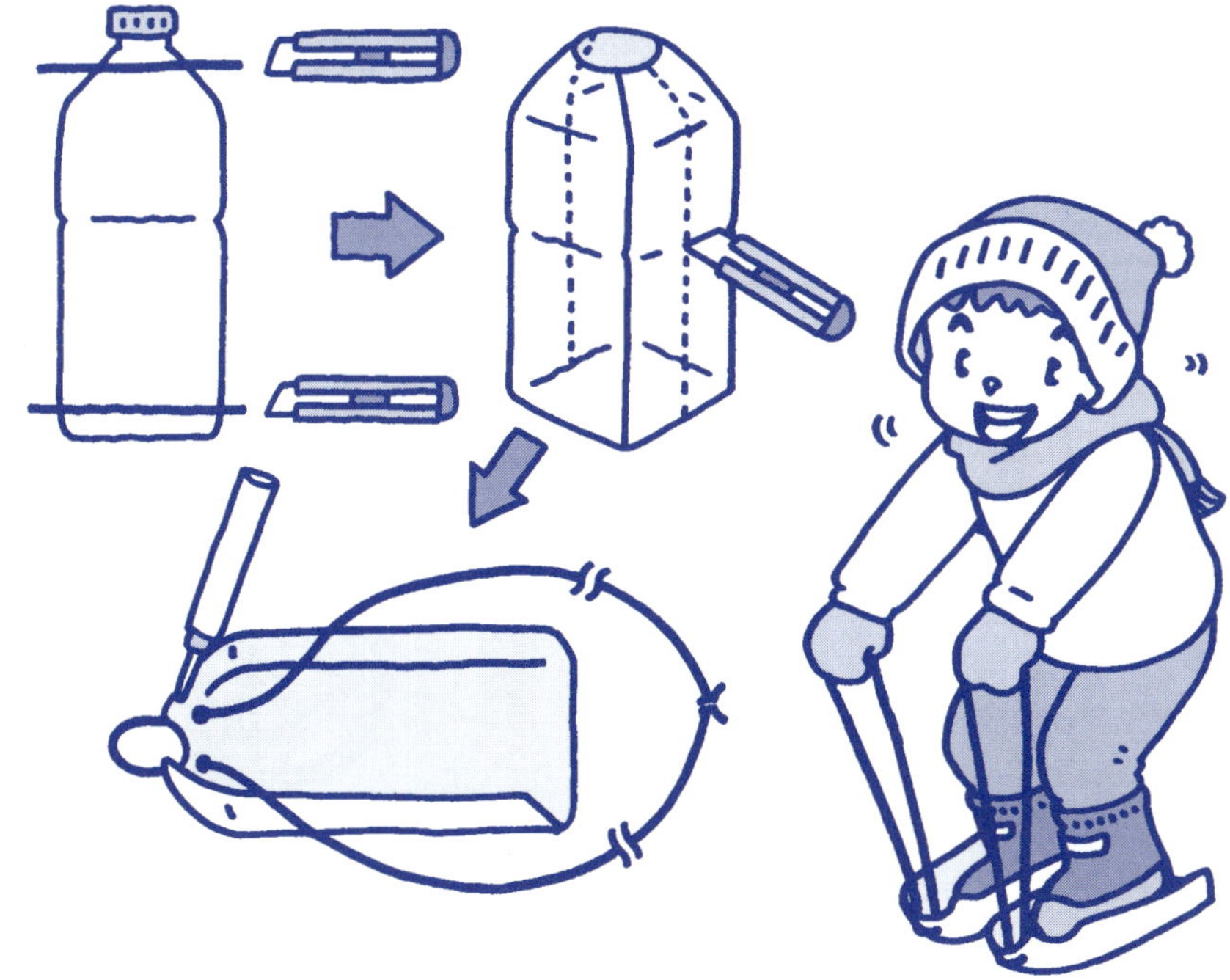

転ばないように、バランスを取りながらすべってみましょう。つくるのが大変だという人は市販品でミニスキーと呼ばれているプラスチック製のスキーもあります。購入して試してみるのもよいでしょう。

↘ クロスカントリースキーでは、雪や登坂などの条件によってすべりにくくする必要があり、雪に粘りつくようなワックスを塗る場合もあります。

雪のびっくりメモ★日本における気象観測所の最深積雪記録は、1945年2月26日、富山県富山市真川で観測された759㎝です。

雪遊び
かんじきで歩いてみよう

カラー➡p35

かんじきを知っていますか。長い歴史をもつ伝統的な道具です。地域によって縄の縛り方や形が異なりますが、かんじきをはくと、雪原を埋まらずに歩くことができます。昔の人の知恵を体感してみましょう。

準備するもの

竹2本（長さ90cm程度）、ひも（太さ5〜6mm程度、長さ2m程度）、結束バンド4本

【つくり方】

①竹をガスコンロの火などであぶりながら曲げて、だ円形になるようにし、両端を結束バンドでとめます。

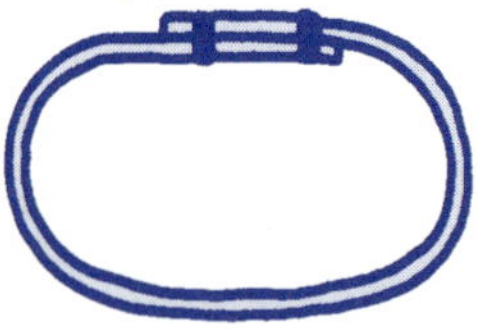

②横ひもを２か所につけます。足の親指がくるくらいの位置と土踏まずの中心くらいの位置です。それぞれ３回ほど巻いて、結びます。

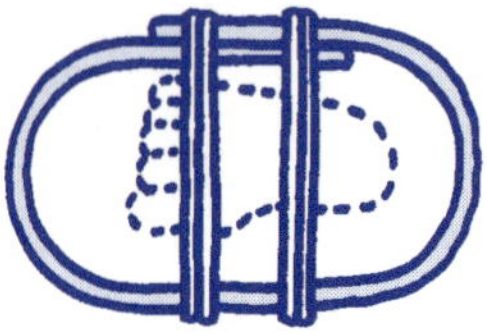

図1

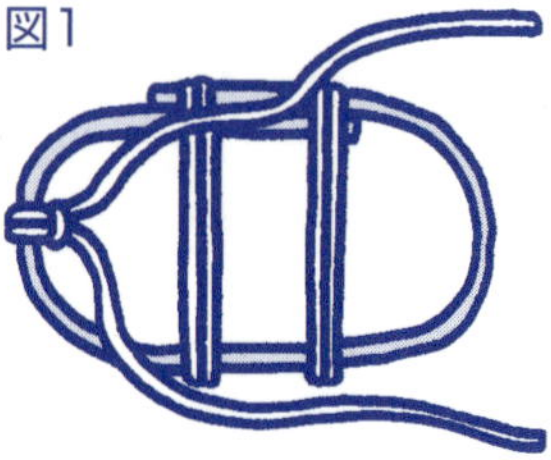

③次は縦ひもです。前の真ん中に図１のようにひもを結び、横ひもで図２のように結びます。

④土踏まず側の横ひもも図２のように結びます。

⑤もう片方も同様につくります。図のようにはきましょう。

図2

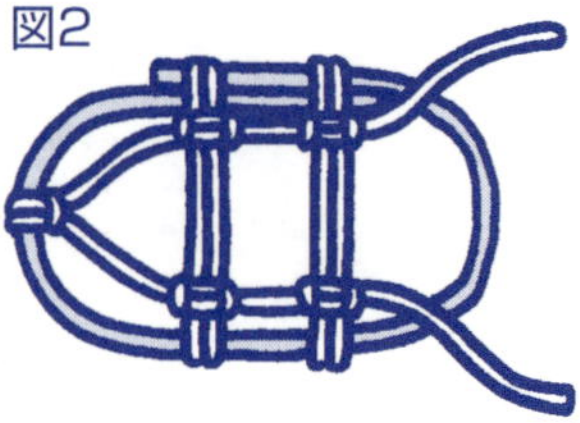

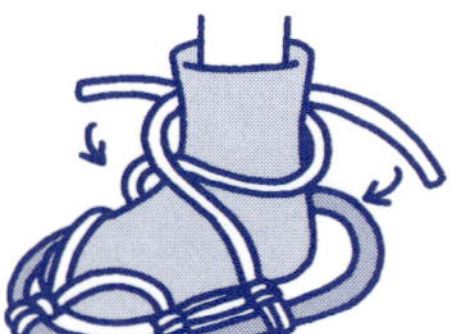

【他の国にもあるかんじき】

かんじきは雪が積もる北欧やアメリカなどでも昔から利用されてきました。スノーシュー（西洋かんじき）も販売されています。

Column

霜と霜柱って同じもの？

カラー➡p33・37

吐く息が白くなる寒い朝、植物の葉や車のフロントガラスなどに霜がついていることに気づきます。そんなとき、地面に目をやると霜柱ができて地面が盛り上がっていることがあります。

霜柱は踏むとサクッと音がするので、見つけたら踏みつけてみたくなるものです。ところで霜と霜柱のでき方は全く違うことをご存じですか。

■霜はどうやってできるの？

霜は空気中に含まれていた水蒸気が冷やされて氷の粒となったものです。霜を観察してみましょう。氷の結晶が針のような形をしています。

霜が農作物についた場合、植物が枯れてしまうことがあります。このため、農家では送風機で風を送ったり、煙幕をたいたりして霜が農作物につかないような対策をしています。

■霜柱ってどうやってできるの？

霜柱は土の中に含まれていた水が凍ってできたものです。どうして柱のように立ち上がるのでしょう。でき方を詳しく見てみましょう。

●霜柱ができるための２つの条件

・土の中の温度が０℃以上
・気温が０℃以下

●霜柱のでき方

①土に含まれている水が地表面で凍る。
②凍っていない土の中の水が毛細管現象*により地表に吸い上げられる。
＊水が小さなすき間を上昇してくる現象。タオルなどの布が水を吸いあげるのはこの現象による。
③吸い上げられた水が凍った氷を押し上げる。
④氷を押し上げた後、吸い上げられた水も冷やされて凍る。
⑤再び凍ってない土の中の水が吸い上げられる。
※③〜⑤が繰り返されます。

寒い地方では、霜柱によって建物が持ち上がってしまうこともあります。それほど水が凍るときの力はとても強いのです。(41ページ)

雪のびっくりメモ★ 冷蔵室と製氷室が一体となっているワンドアの冷蔵庫は、製氷室の壁に霜がつきやすいです。昔はこのタイプの冷蔵庫が主流でした。

雪のびっくりメモ★　ひょうは積乱雲の中で氷の粒が上下しながら成長したものです。断面を見ると氷が何層にも積み重なっているのがわかります。

雪遊び
落とし穴をつくろう

カラー➡p34

友だちをちょっと驚かせてみたい人は落とし穴をつくってみましょう。雪を掘ってつくる落とし穴は簡単にでき、落ちてもそれほど痛くありません。

普通の落とし穴

雪に穴を掘ってふたをする普通の落とし穴のつくり方です。ふたをしたり、穴の直径を大きくしたりするのが難しいのですが、積もっている雪の深さに関係なくつくることができます。

【つくり方】

①まわりに危険なものがない場所を落とし穴の位置に決めます。

②スコップで穴を掘ります。深めにつくるならば、穴の直径はやや大きめにしましょう。

③適当な深さまで掘り終えたら、新聞紙などでふたをします。板のようにかたまった雪でもよいでしょう。

④フワフワした雪を、ふたの上にちりばめてカモフラージュすればできあがりです。

トンネル型落とし穴

トンネルのように横に堀り進めていくつくり方です。落とし穴の近くに掘り始めた穴が残ってしまい、見つかりやすいのですが、穴を上からふさぐ必要がないのと、何人かを同時に落とせる楽しみがあります。

【つくり方】

①落とし穴をつくりたい場所から少し外れた場所に深く穴を掘ります。

②適度な深さまで掘ったら、目的の方向へ向かってトンネルをつくるように掘り進めれば完成です。（上からの雪が崩れてこないように気をつけましょう）

※雪の落とし穴とはいえ、必要以上に穴が深いとケガをしますからほどほどにしましょう。

雪のびっくりメモ★雪はドイツ語でSchnee（シュネー）といいます。ドイツは日本よりも北に位置し、冬は東京よりも寒く、雪も多く降ります。

雪遊び
迷路をつくろう

カラー➡p35

　誰も踏み入れていない広い雪面は、迷路づくりに最適です。膝くらいまで雪が積もっていればとても簡単に迷路をつくることできます。みんなで迷路をつくって遊びましょう。

迷路をつくろう

　牧草地やグラウンドのような広い場所が迷路づくりには最適ですが、近所の公園でも十分楽しめます。

①スタート位置を決めて、そこから、少しずつ足で雪を踏み固めながら道をつくっていきます。
②ある程度進んだら、少し戻って枝分かれの道をつくり、ゴールへの道１本と行き止まりの道をいくつかつくれば完成です。

　ゴールへの道を複数つくると簡単な迷路になります。迷路は１人よりも数人で集まってつくりましょう。その方が楽しみながら、難しい迷路をつくることができます。

雪のびっくりメモ★雪はフランス語でneige（ネジュ）といいます。フランスの冬は東京よりも寒く、パリでは11月頃から雪が降り始めます。

迷路で遊ぼう！

迷路が完成したら１人ずつ迷路に挑戦してみましょう。自分たちで迷路をつくったのに、迷ってしまうのが面白いところです。また、ゴールが見えているのになかなかたどり着けず、もどかしい思いをするのも楽しみの一つです。

雪のびっくりメモ★ 雪は中国語で雪（シュエ）といいます。中国の国土の面積は日本の約25倍と広いため、気候の地域差が大きいです。

雪遊び
雪合戦をしよう

冬の雪遊びの定番と言えば「雪合戦」ですね。雪遊びの格好さえしていれば、何の準備も必要ありません。

子どもから大人までみんなが楽しく遊べます。さっそく外へ出て雪合戦をしましょう。

【雪合戦をするときの約束】

●決められた場所（公園やグラウンド）から外に出ないこと。

●相手の顔をめがけて雪玉を投げないこと。

※1987年に新しいスポーツとしてアレンジされた雪合戦は、近年、国際大会も開催されている人気のスポーツとなっています。（北海道の昭和新山国際雪合戦や新潟県の小出国際雪合戦などが有名です）

雪かけ遊び

最も簡単な雪合戦は、チームに分かれて雪をかけあう遊びです。雪玉は使いません。雪をたくさん相手にかけた方が勝ちです。

雪のびっくりメモ★北海道の壮瞥町で行われている雪合戦は、1チーム7人制、3分3セットで行われます。雪玉は1チーム90個で、雪玉で相手チームを↗

チーム対抗雪合戦

2チームに分かれて雪合戦をしましょう。四角いコートの真ん中に境界線をつくります。それぞれのチームは、自分の陣地から出てはいけません。雪玉に当たった人はアウトとなり、陣地から外へ出ます。時間内で何人残るかで勝敗を競います。雪合戦で使用する雪玉は、当たっても痛くないように、凍らせたり、物を入れたりしないようにしましょう。

少し本格的な雪合戦

人数が集まったら、やや本格的な雪合戦に挑戦してみましょう。

【準備】

- ●チームごとに、とりでや壁をつくります。
- ●相手と自分の陣地の両方に旗を1本ずつ立てます。
- ●雪玉を1人当たり10個ほどつくっておきます。
- ●チームがわかるようにゼッケン等をつけましょう。

【ルール】

- ●コート内ならどこに行っても自由です。
- ●相手に雪玉をぶつけられるか、コートから外に出たらアウトで、もう攻撃はできません。
- ●雪玉を当てて相手全員をアウトにするか、相手チームの旗を取れば勝ちになります。

全員倒すか、時間内に相手チームのフラッグを抜くと勝ちとなります。公式雪玉製造器は7万円程度で販売されています。

雪のびっくりメモ★雪の中でサッカーを楽しんでいるのは日本人だけではありません。諸外国でも雪の降る地域では雪中サッカーが行われています。↗

雪遊び
雪中サッカーをしよう

雪が積もったグラウンドでサッカーをしてみましょう。難しい技術は必要ありません。必要なのは体力のみ。ボールが予想外の動きをして、土のグラウンドでやるサッカーとは違った面白さがあります。

準備するもの

スノートレーシューズ（または防寒長靴）、ボール（サッカーボールでなくてもよい）

雪中サッカーをしよう

【フィールドづくり】

①グラウンドや公園のような広い場所が最適です。雪を踏み固める等をしてラインをつくり、フィールドの範囲を決めます。

②ゴールを決めましょう。木の枝やコーンなど、身のまわりのものを使ってゴールだとわかるようにしておきます。

準備ができたら、キックオフです。オフサイドなんて気にしないで、雪の中を思いっきり駆け回りましょう。

初めは走りにくいですが、やっているうちに雪が踏み固められて、走りやすくなってきます。

グラウンドでは止めることができない友だちのドリブルも雪の上では止めることができるかもしれません。

雪中サッカー応用編

人数が少ないときや、遊ぶ場所がせまいときは、攻撃側と守備側に分かれ、ゴールを1つにして楽しむという方法もあります。

人数が多い場合は、ボールを 2 個、3 個と増やしてみましょう。ボールから目を離さないようにしないと、簡単にゴールを奪われてしまいますよ。

※注意すること

雪中サッカーは雪の上で行うので、多少転んでもそれほど痛くはありません。しかし、大きなケガにつながることもありますから、雪の上だからといって、過激なプレーをするのはやめておきましょう。

↘ その他にも雪中ラグビーや雪合戦、犬ぞりなど、それぞれの国や地域に応じて、冬の遊びが楽しまれています。

雪遊び

雪中かるた大会をしよう

何人か集まって、雪中かるた大会をやってみましょう。雪の中ですから、思いきり転んでも大丈夫。ダイナミックにかるた遊びができます。

雪に負けないかるたのカードをつくろう

水に濡れてもよい素材でかるたのカードをつくりましょう。自分たちで絵を描くと楽しさが増します。

遠くからでも文字や絵が見える位の大きさ（A４以上）でつくるとよいでしょう。白以外の紙や画用紙、カラーボード等を使うと、見つけやすくなります。

【かるたづくりの例】

- ●絵を描いた紙をラミネート加工する。
- ●カラーボードにクレヨン等で直接絵を描く。（カラーボードは100円ショップ等で購入できます）
- ●ダンボールを適当な大きさに切り取り、何も描いていない面に絵を描き、それをラップ等で包む。

雪中かるた取りの会場づくり

つくったかるたを雪の上にバラバラに置いていきます。風で飛ばされないように、四隅に雪をのせておいたり、かるたの下部を雪に埋めておいたりしてもよいでしょう。

かるたを配置したら、スタートラインや待機場所の目印をつくって、準備完了です。

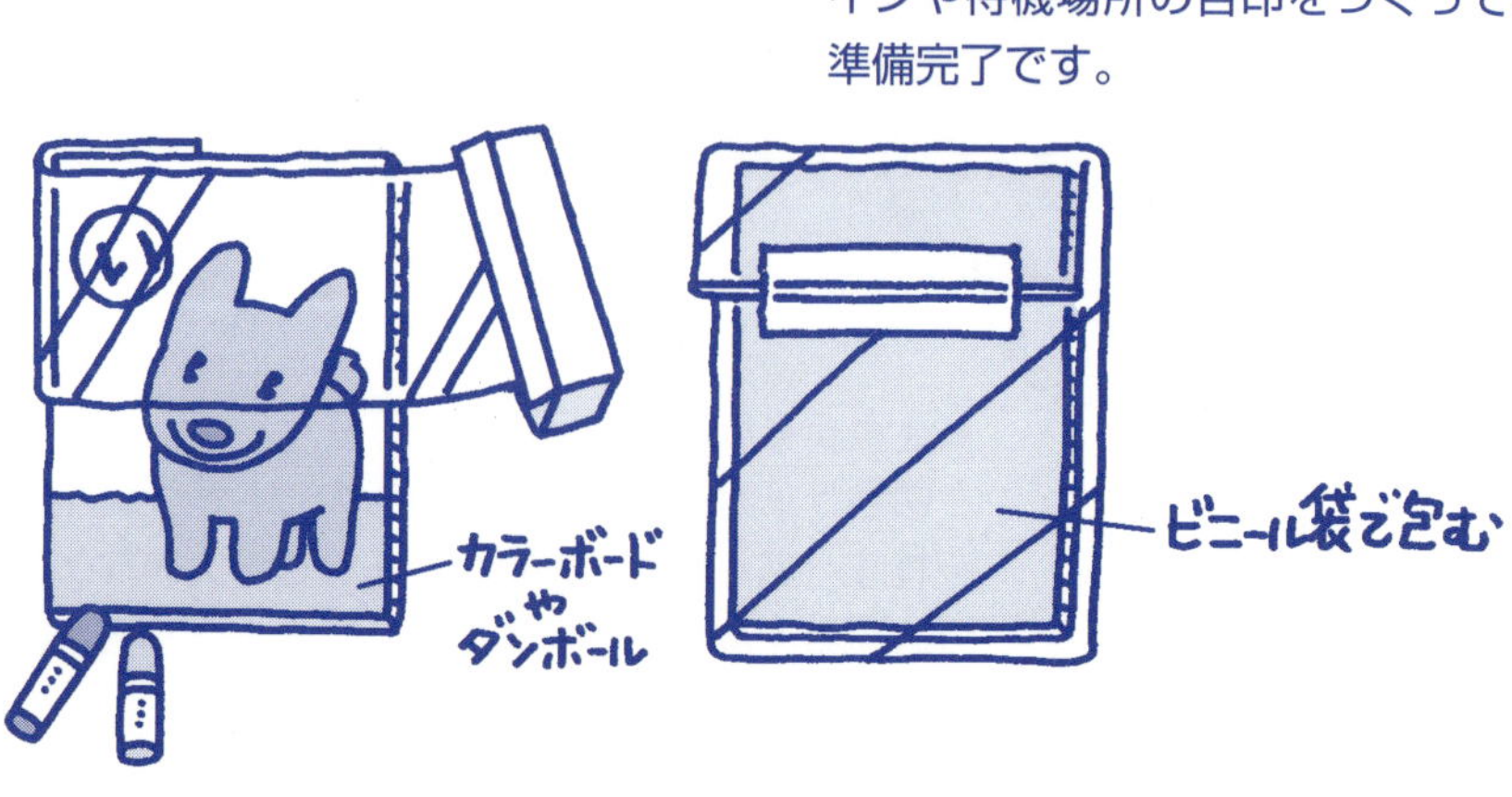

雪のびっくりメモ★雪国では、降り積もった雪が12月頃から融けず春まで残ります。このように雪がずっと残る状態のことを根雪といいます。↗

雪中かるた大会開始！

チーム分けをしたら、待機場所に並びます。１対１の対戦型や、チーム全員が一斉にカードを取りに行くチーム対抗型などがあります。

読み手がカードの名前を読み上げ始めたら、かるた取りの開始です。目的のカードを目指して走っていきましょう。

雪中かるたのバリエーション

同じカードを２枚ずつつくっておけば、チーム対抗の神経衰弱ゲームもできます。

また、ビーチ・フラッグスの要領で、雪上版「スノー・フラッグス」もできます。「よーい、ドン」のかけ声で、カードを取りに行くというゲームです。カードの代わりに、赤や黄色などの旗を雪面に立てて、ビーチ・フラッグスさながらに行うこともできます。

雪中ならではの、すべって、転んでの全身を使った遊び、ぜひやってみましょう。

↘気象庁の用語では「長期積雪」と呼ばれ、積雪が30日以上継続した状態のことを指します。

雪のびっくりメモ★ 雪道では自転車は横すべりして安全に走行できません。そこで、金属のピンがついた自転車用スパイクタイヤが販売されています。

雪上運動会１
宝探し＆輪投げ

雪のグラウンドでできる遊びはサッカーだけではありません。人数がたくさん集まったら、みんなで宝探し大会や雪積み競争、輪投げ大会をして遊びましょう。

宝探しをしよう

●範囲を決める

宝探しをするとき、宝を置くことができる範囲が決まっていないと、すべて探し当てるまでに時間がかかってしまいます。ですから、宝を隠す範囲をあらかじめ決めておきましょう。人数にもよりますが、ドッジボールコート程度の広さがよいでしょう。ラインは足で雪を踏みつけてつくるか、四隅に三角コーン等を置いて目印にします。

●埋めるものを考える

宝となるものは、小さすぎると見つかりにくく、大きすぎると目立ってしまいます。いずれにしても、雪の中に完全に埋めてしまうと見つけにくくなってしまいますから、工夫しましょう。色がはっきりしている果物や、色つきの飲料が入ったペットボトルを使うと、ある程度目立って見つけやすくなります。キャップが白いペットボトルを使う場合には、先端から５cmくらいが見えるようにしておくとよいでしょう。

雪積み競争

雪がたくさん積もっている場合は、チーム対抗の雪積み競争ができます。制限時間内で、どのチームが雪を一番高く積み上げられるか競争します。

積み上げた雪で輪投げ大会

雪積み競争でできた塔を使って、輪投げをして遊びましょう。投げる輪にはフラフープが適しています。

フラフープが用意できない場合は、新聞紙をくるくる巻いて輪をつくり、濡れてもいいように、ビニールテープを巻くと良いでしょう。輪の大きさに変化をつけることができ、難易度も変えることができます。

塔の高さによって点数を変えると、競い合って楽しく遊ぶことができます。

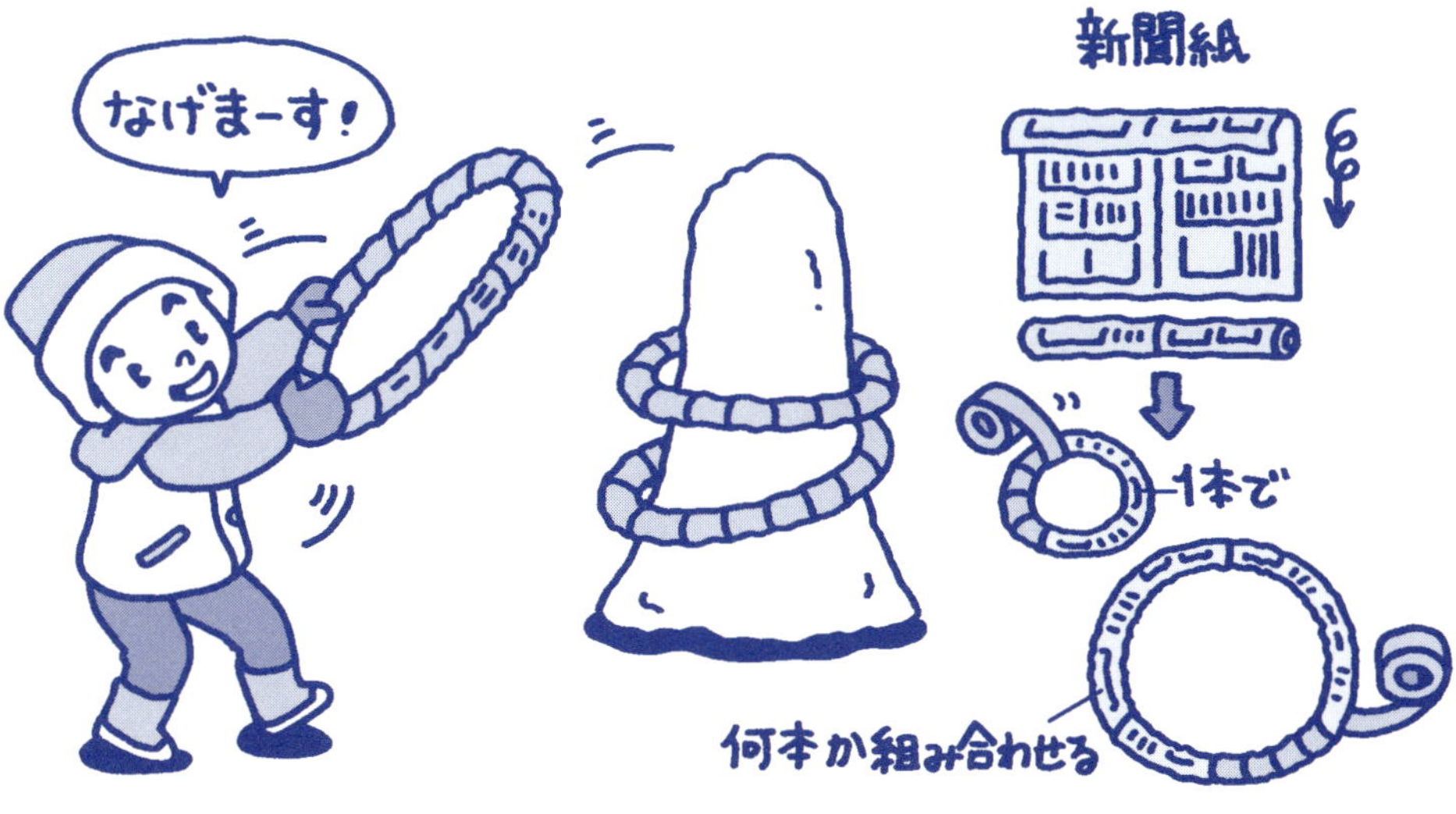

雪のびっくりメモ★ こおり鬼という鬼ごっこがあります。鬼にタッチされると動けなくなり、仲間にタッチされると氷がとけて動けるようになります。

雪のびっくりメモ★冬にできた氷や、降り積もった雪を夏まで保存しておき、建物の冷房等に使うという「雪氷冷熱エネルギー」が新しいエネルギー↗

雪遊び

雪上運動会2
雪遊びゲームのいろいろ

多人数でやる遊びは宝探しや輪投げだけではありません。いろいろなゲームを紹介しましょう。

準備するもの

ゴムボール、バット、ペットボトルなど

おだんご積み競争

3～5分の制限時間内に雪玉を何個重ねられるか競争します。要領は雪積み競争（29ページ）と同じです。積み方は自由。積んでいる途中で崩れたとしても、時間内ならば何回やり直しても良いです。制限時間になったとき、たくさん積み上がっていた方が勝ちです。

雪玉転がし競争

雪山のてっぺんからよーいドンのかけ声で雪玉を転がします。一番遠くまで雪玉が転がった人の勝ちです。

雪山にトンネルをつくって、雪玉を通して遊ぶこともできます。雪が湿っていて雪玉が転がりにくいときは、ゴムボール等を使うとうまくいきます。

雪上パークゴルフ

ゴムボールがちょうど入るくらいの穴を掘って、目印に旗を立てておくと、雪上パークゴルフ場の完成です。ホールインワンを狙って、バットでボールを叩きましょう。雪上ならではのパークゴルフです。

雪の的あて

雪玉を投げて目標物にあてるゲームです。いろいろなバリエーションがあります。

●ペットボトル倒し

雪上に置いた数本のペットボトルをいくつ倒せるか競います。

●ボール落とし

小さな雪山の上に置いたボールに雪玉をあてて、誰がボールを雪山から落とせるかを競います。

その他、雪だるまや雪像、木、シャベルを的にして遊ぶ方法もあります。

雪中ラグビー

雪中サッカーと同じ要領で、雪中ラグビーもできます。ボールは何でもかまいません。雪の上ですから、タックルもトライも思い切ってできます。はりきりすぎてケガをしないようにしましょう。

ここにあげた以外にも、雪玉入れや雪玉割り等、たくさんの遊びがあります。みなさんもいろいろな雪遊びを考えてやってみましょう。

↘ 利用法として注目されています。2008年に開催された北海道洞爺湖サミットでは約3000tの雪が雪冷房に使用されました。

Column つららってどうしてできるの？

カラー➡p33

冬、外に出て建物を下から見上げると、太陽の光を受けてガラスのように輝くつららを見つけることができるでしょう。家庭でつくる氷は白いのにつららが透明なのはなぜでしょうか。その秘密はつららのでき方にあります。

■つららのでき方

冬の寒さが厳しい地域では、様々な暖房器具を使って家の中を温めます。その温かさは屋根まで伝わり、屋根に積もっている雪が少しだけ融かされ、水になります。その水は屋根を伝わって流れていき、軒先から地面に落ちる前に冷たい外気にさらされます。一滴一滴の水が凍り、それを繰り返すことで、つららは伸びていきます。

■つららはなぜ透明なの？

まずはじめに家庭の冷凍庫でつくる氷がなぜ白っぽく見えるのか考えてみましょう。

製氷皿に入れた水を冷凍庫で冷やすと、水は冷気のあたる外側から順に凍っていきます。水道水にはもともと空気等が含まれていますから、外側から凍っていくうちにそれらが少しずつ中心に追いやられ、氷の中心に閉じこめられてしまいます。

氷の真ん中に閉じこめられた空気等は光を通しません。その部分が光を跳ね返すので、冷凍庫でつくった氷は白く見えるのです。

これに対し、つららは水滴がゆっくりとしたたりながら凍るため、水に含まれていた空気等が自然に抜けます。そのため、つららの大部分は透明に見えるのです。これは透明な氷をつくる方法と同じ原理です。(84ページ)

■美しいつららですが……

長く成長した透明なつららはとても美しいものです。しかし、雪国では、つららが原因とみられる事故も起きています。特に重くてとがったつららが軒下にいる人に当たった場合には死亡事故にもなりかねません。

ですから、軒下を歩いたり、つららを落としたりして遊ぶのは絶対にやめましょう。

雪のびっくりメモ★彗星は、岩石質や有機質の塵を含んだ氷でできていると考えられていて、「汚れた雪玉」に例えられることがあります。

冬芽についた霜➡p17

軒下のつらら➡p32

ここまで積めば、巨大かまくら➡p56

雪国の空港は万全の除雪体制。この本を持って雪国へGO!

さあ、すべってみよう！➡p11

雪だるまをつくろう
➡p52

落とし穴をつくろう➡p18

雪遊びの準備完了➡p4

誰も踏み入れていない雪面で、かんじきや迷路づくりに挑戦➡p16、20

よくすべる米袋ソリ➡p12

木のつるで手づくりブランコ
木登りといっしょに楽しもう➡p10

天からの贈り物➡p60

こうやってキャッチして➡p60

すばやくルーペで観察➡p61

氷のパワーを実感➡p41

色つきのかわいい氷をつくってみよう➡p43

踏みつぶすと楽しい、サクサクの霜柱➡p17

風がつくる雪の模様➡p66

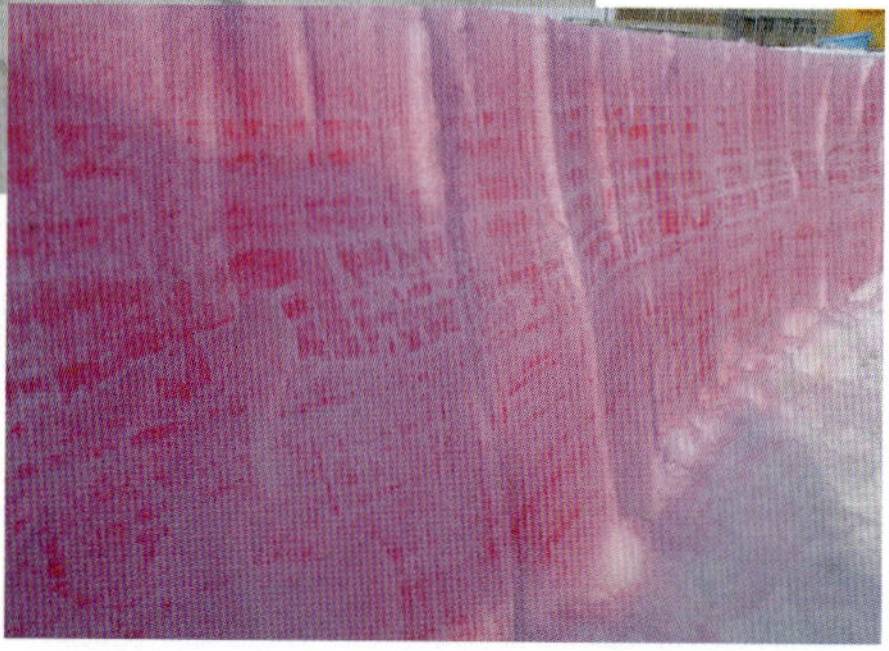

雪の縞模様を観察➡p68

雪や氷はどんなところにあるのかな？➡p64

雪に残った鳥の翼の跡➡p79

雪の中のネズミ➡p73

クルミの木の葉痕《ようこん》➡p79

オホーツク海岸の港に押し寄せる流氷➡p94

しずくが凍って天然のレンズに➡p90

氷中に咲くアイスフラワー➡p88

朝日で輝く氷のシャボン玉➡p86

Column

岩石をも砕く氷のパワー

カラー➡p37

“ジュースを缶ごと凍らせると破裂するかもしれないから危険だ”という話を聞いたことはありませんか。なぜ、そのように言われているのでしょうか。

■水は凍ると体積が増える

破裂するかもしれないと言われるのは、水が凍るときに体積が増えるからです。試しに空になったペットボトルに水を満杯まで入れて凍らせてみましょう。水を入れたペットボトルと比較すると、凍ったものは大きくふくらんでいるのがわかります。（カラー37ページ参照）

■岩石をも砕く脅威のパワー

水が氷になるとふくらむ力は、かたい岩石を砕くほどの力があります。岩石の小さなすき間に入り込んだ雨水は、夜間に冷やされて凍ります。このときに体積が増え、その力で岩石はひびが入ったり、砕けたりします。

■氷が水に浮くわけ

100ｇの水を凍らせると100ｇの氷ができます。水の粒（分子）が増えたり減ったりしてないのですから、重さは変わらないのです。でも、氷の体積は水の体積の約1.1倍です。

つまり、水と氷が同じ体積なら氷の方が軽いことになります。そのため、氷は水に浮くのです。

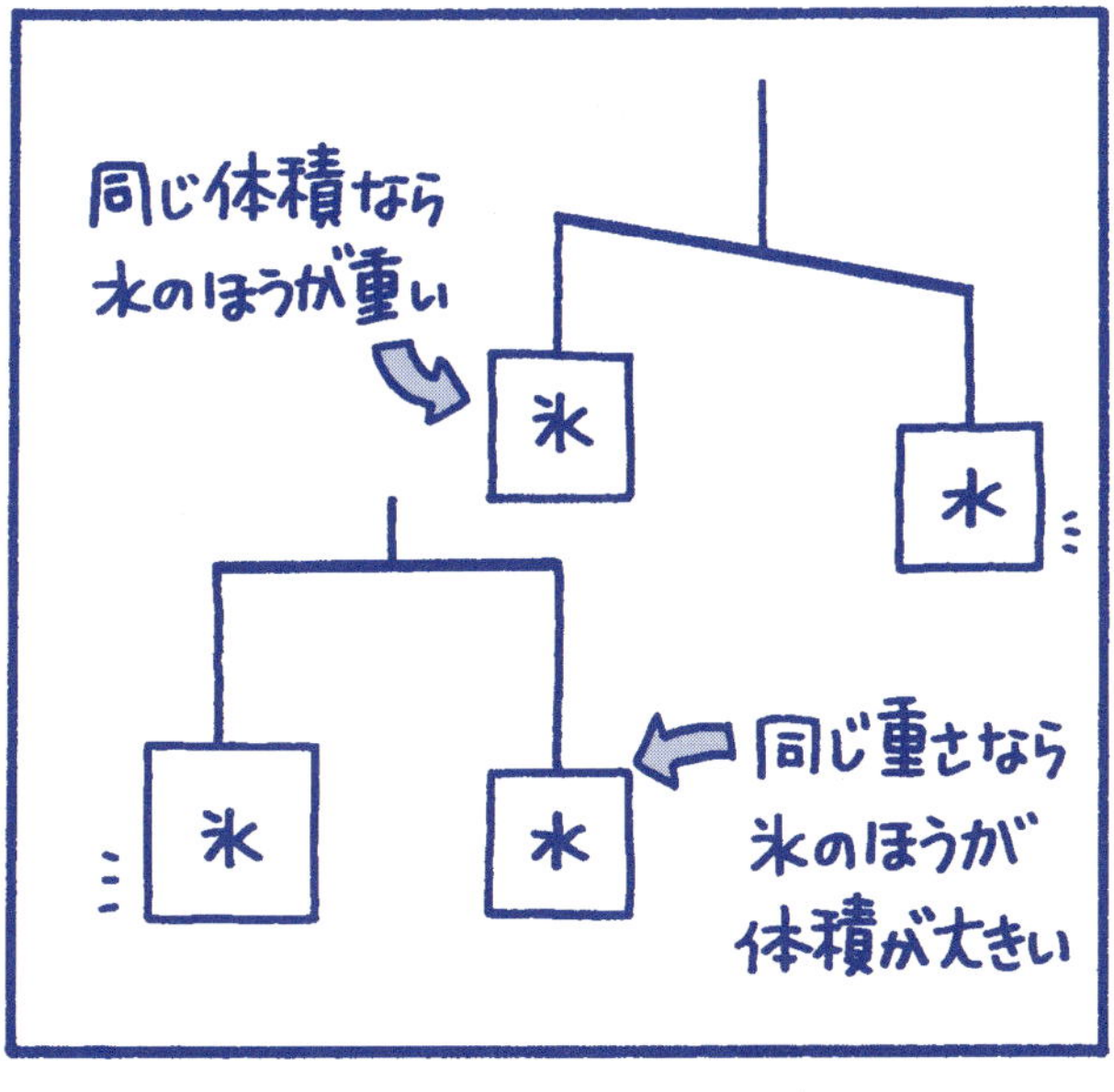

雪のびっくりメモ★ 氷は水に浮くので、湖の水が凍っても、氷が湖の底にたまることはありません。そのおかげで魚は冬も無事にいられるのです。

雪遊び

氷のボールをつくってみよう

みなさんは家の冷凍庫でどんな形の氷をつくりますか。

家庭でよく使われている製氷皿の器の形から角張っている氷のイメージが強いですが、ちょっと工夫すれば氷のボールをつくることができます。さっそく氷のボールをつくってみましょう。

準備するもの

ポンプつき水風船セット、水、食用色素（またはインク）、針金や糸

1

ポンプの中いっぱいに水を吸い込ませます。

2

風船の中に入っている空気を抜いてからポンプの先に風船をセットします。

3

ポンプを使って風船に水を入れ、適当な大きさまでふくらませてから、水がもれないように注意してポンプを外します。

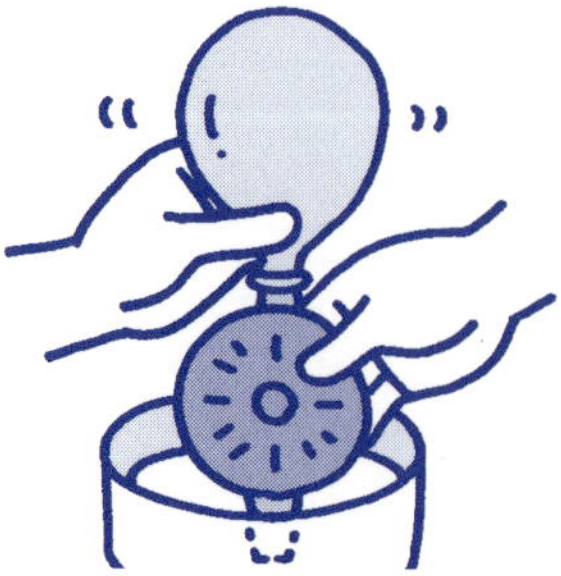

4

風船の口を上に向けて、少し水を出しながら風船内の空気を抜き、風船の口を縛ります。

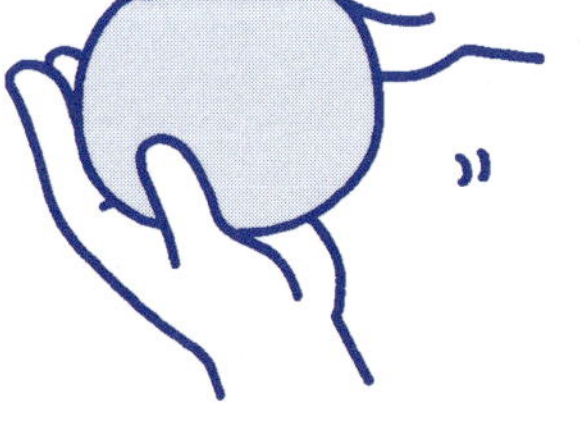

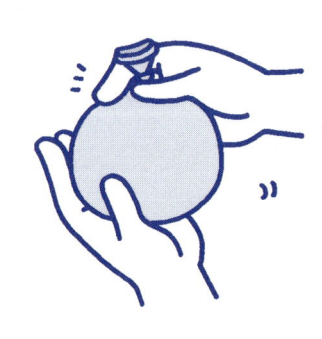

雪のびっくりメモ★氷には賞味期限はありません。しかし、長く保存しておくと、氷が小さくなったり、ほこりや他の食品のにおいがついたりします。

5

水が入った風船を紙コップなどの容器に入れて冷凍庫で冷やします。

6

風船内の水が完全に凍ったら、はさみなどで風船を切って、氷のボールを取り出しましょう。

雪だるま型の色つき氷をつくってみよう カラー➡p37

工夫すれば、雪だるま型の氷もつくることもできます。風船に水を入れて口をしばったら、針金や糸で風船の真ん中辺りをしばって、凍らせてみましょう。

また、色つきの氷をつくりたいときは、はじめに食用色素などで色をつけた水で水風船をつくります。きれいに色をつけるコツは凍らせる早さです。

ゆっくり凍らせた場合、家庭用の氷が白くなるのと同じ原理（32ページ）で色素（不純物）が氷の中心にあつまります。ですから、できるだけ早く凍るように水風船をそのまま冷凍庫に入れれば、氷全体に色がつきます。

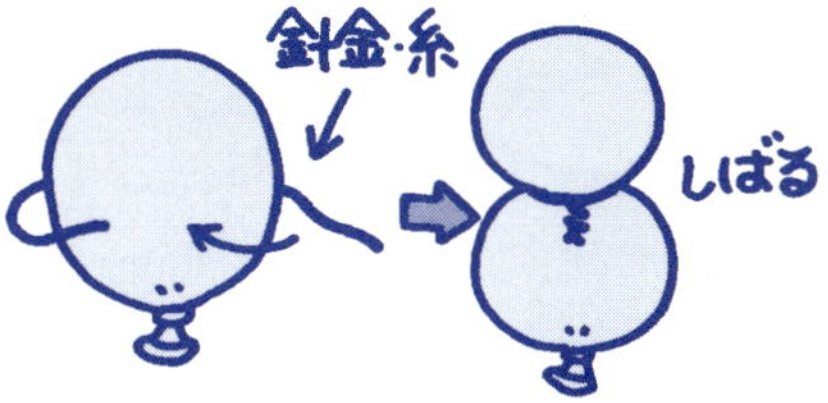

飲み物に氷のボールを入れたい人は

水風船を使ってつくる氷のボールは、飲み物に入れる氷には適していません。100円ショップ等でボールの形だけでなく、いろいろな形の氷ができる製氷皿が市販されていますから、入手して試してみるとよいでしょう。

雪のびっくりメモ★ 氷食症という症状があります。鉄分の欠乏が原因と考えられています。大量に氷を食べたくなる人は要注意です。

雪遊び

氷で遊ぼう

氷のボールをつくることができるようになったら、もっといろいろな氷をつくって遊びましょう。

タオルが凍る？

気温がマイナスになるような寒い日は、水で濡らしたタオルをぶんぶん振り回してみましょう。振り回したままの形で凍るので、タオルの剣ができます。その剣を使って、友だちとチャンバラごっこをしてみましょう。

タオルの剣づくりは奥が深く、強い剣をつくるには長さや振り回す速さなど工夫が必要です。いろいろな形の剣をつくってみましょう。

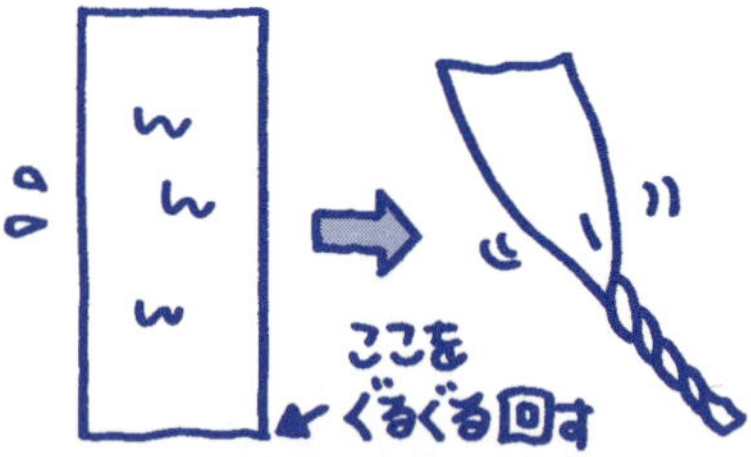

かたち遊び・見立て遊び

プリンのカップや卵ケース、ゴム手袋やハート型、アニマル型、花型などのゴム風船を使って氷をつくってみましょう。外の気温がマイナスの温度になるような日は、家の外に水を置いておくと翌日には氷ができています。

氷ができたら、スプーンで削ったり、水を一滴ずつたらしたりしてみましょう。何に変身させることができるでしょうか。いろいろな形をつくって、友だちと比べてみるのも楽しいですね。

雪のびっくりメモ★江戸時代、加賀藩（現在の石川県・富山県）が旧暦の6月1日に徳川将軍家へ氷を献上し、「氷室の日」として祝ったことから、↗

氷を飾ろう

今から100年ほど前（明治時代）は鯛や鯉などの魚や色とりどりの花を氷の中に閉じ込め、楽しんでいたと言われています。

実際にやってみましょう。氷の中に花を閉じ込めるには、割りばしを支えにして花をつるし、コップの中の水に入れたまま凍らせます。

水に毛糸の端を入れておけば、オリジナルのペンダントになりますね。ビー玉やおはじき、果物など入れる物を変えて試してみましょう。

↘ 6月1日は「氷の日」とされています。現在も6月1日前後には全国各地の氷室神社の祭神に対しての献氷祭が行われています。

雪遊び

カーリング遊びをしよう

カーリングという競技があるのを知っていますか？　取っ手のついたストーン（石）を氷の上ですべらせ、的をねらうという競技です。スケートリンクのように凍った場所を見つけたら、いろいろなカーリング遊びができます。

準備するもの
ペットボトル、雪　など

カーリングのルール

カーリングでは、先攻、後攻で交代しながらストーンを投げて的の中心にストーンがどれだけ近づけられるかを競います。投げたストーンを他のチームのストーンにぶつけて、的の外に押し出してかまいません。いろいろな作戦を考えてみましょう。

ストーンをつくろう

ストーンをペットボトルでつくってみましょう。水を入れたペットボトルでも良いでしょうし、前の日から外に置いて凍らせたペットボトルでも良いでしょう。一人1本持っていればそれで十分に遊べそうです。

リンクをつくろう

リンクは広くても狭くてもかまいません。凍った平らな場所を探しましょう。本物のカーリングでは2重の円で的をつくりますが、そんなことにはこだわらず、自分たちのルールで決めればよいのです。

氷に傷をつけたり、目印となるものを置いたりして的をつくりましょう。ストーンを投げ出す位置も自分たちで決めて遊びましょう。

雪のびっくりメモ★すべりやすい積雪・凍結路は、普通のタイヤだとすべります。低温でも固くならないゴムが、がっちりと雪に食いつく↗

工夫して遊ぼう

チームができるくらいの仲間が集まったら、チーム戦をやってみましょう。

順番を決めて、各チーム交互に的の中心を目がけてペットボトルをすべらせます。敵チームのボトルにぶつけて邪魔をしても良いですし、味方のボトルにぶつけて、的に近づけても良いでしょう。

仲間で話し合って、いろいろなことを決めてみるのもおもしろそうですね。

あてるよ!
目印をおく
氷に傷をつける

人間カーリング

準備するもの

そり　など

氷の上をすべらせて楽しいのはストーンだけではありません。自分自身ですべっていく人間カーリングもできます。雪の上ならそりを使って、氷の上ならウェアのままですべってもいいですね。

踏み切りのラインを決めて、的に向かって腹ばいで進むのです。誰が一番的の近くまですべられるのかで競争です。ぶつかり合うのは危険ですからやめておきましょう。正座すべりやスライディングすべりなど、いろいろと発展形がありそうです。

わたしは正座!
次はそりで挑戦!
ぼくは腹ばいで!

↘ スタッドレスタイヤを使います。以前は金属製のピンがついたスパイクタイヤが使われていましたが、舗装道路を削ってしまうので禁止となりました。

雪の造形
雪玉をつくろう

雪の造形の基本は、雪玉づくりの技術を習得することです。雪玉づくりはままごと、雪合戦などの雪遊びのみならず、スノーキャンドルづくり、雪だるまづくりなど、多方面に応用ができます。まずは誰にでもできる雪玉づくりからスタートしましょう。

準備するもの

スキー用の防寒・防水手袋や防寒用ゴム手袋
※毛糸の手袋や軍手では水がしみて 手が冷たくなってしまいます。（防水スプレーをしてもほとんど効果がありません）

雪玉づくりをしよう

●雪玉をつくりやすい雪

雪玉づくりに適しているのは、ぼたん雪と呼ばれるような、やや湿った雪です。さらさらした粉雪（パウダースノー）や融けてざらざらした雪は、雪玉をつくってもすぐに崩れてしまうので、あまり適していません。

●両手を使って雪玉づくり

両手で雪をすくって、おにぎりをにぎるようにしてギュッギュッと固めます。球の形になったら、ボールをみがくようにていねいにこするときれいな雪玉ができます。

雪のびっくりメモ★雪が多い地域には面白い道路標識があります。歩道と車道の境界の上に↓マークがついているのです。雪原では境界がわからないのです。

●道具を使って雪玉づくり

スキー用品店では1500円程度で雪玉づくり器が販売されています。球状の製氷皿やアイスクリームディッシャーを使う方法もあります。

雪玉
づくり器

●大きな雪玉づくり

大きな雪玉をつくるには、２つの方法があります。

①小さな雪玉を雪の上で転がしてみましょう。雪が少しずつくっついて、だんだん大きくなります。

②雪を集めて半球を２つつくります。その後、半球同士をくっつけます。

ころがして
いこう!
できた!

雪うさぎ・ミニ雪だるまをつくってみよう

雪玉づくりが上手になったら、簡単な造形にチャレンジしてみましょう。

ミニ雪だるまは、大小２つの雪玉をつくり、小さい雪玉を大きな雪玉の上にのせるだけで完成です。

雪うさぎは、雪玉をおわん型にして、ナナカマドなどの赤い実で目を、２枚の葉で耳をつければできあがります。

雪うさぎ

雪のびっくりメモ★雪が多い地域の信号機は縦型になっています。信号機に雪が積もって見えにくくならないための工夫です。

雪の造形
あかりを灯そう

風のない静かな夜，ろうそくの炎が家のまわりに灯っているととても幻想的ですね。いろいろなスノーキャンドルをつくって、家のまわりを飾ってみましょう。

準備するもの

手袋、ろうそく、小さめのバケツ、アルミ缶

バケツでスノーキャンドル

①バケツに半分くらい雪を入れます。
②真ん中にアルミ缶を底が上になるように置きます。
③アルミ缶のまわりに少し多めに雪を詰めます。
④雪をバケツいっぱいまで入れ、押し固めて平らにします。
⑤アルミ缶を抜きます。
⑥逆さにして雪をバケツから抜きます。
※スプーンなどで雪を削って壁をうすくしたり工夫すると、明るさがかわります。
⑦ろうそくを立てた上にかぶせてできあがりです。
※シフォンケーキの型を使うとバケツでつくるよりも簡単にできます。

雪のびっくりメモ★窓についた雪は車内の熱でとけて水になります。その水が再び凍る時、ワイパーのゴムもフロントガラスに凍りつき、↗

➘動かなくならないようにするための工夫です。

雪玉でスノーキャンドル

準備するもの
手袋，ろうそく

①ろうそくのまわりに雪玉をサークル状に並べます。
②雪玉を積み上げます。

雪玉の積み方をいろいろかえてみるとおもしろいです。また、水を染みこませた雪で雪玉をつくると凍って雰囲気がかわります。

雪像にキャンドル

準備するもの
手袋，ろうそく

①54ページを参考にして、雪像をつくります。
②雪像にろうそくを立てる穴を掘ります。
③穴の中心にろうそくを立てます。

雪像をつくらなくても、雪山や雪の壁に穴を掘って、ろうそくを灯してもきれいです。いろいろ工夫してみましょう。

アイスキャンドル

準備するもの
バケツ、ろうそく、ドライバー

気温が０℃以下になるところでは、アイスキャンドルにも挑戦してみましょう。

①バケツに水を入れ、雪の上に置きます。
※雪の上に置くことでバケツの底の水が凍りにくくなります。
②上の部分の氷の厚さが５cm程度になったら静かにバケツをひっくり返します。
※バケツの中の氷が取れないときは、バケツの外側からお湯をかけると簡単に取れます。
③取れた氷の上の部分にドライバーなどで穴を開けます。
④中心にろうそくを立てて灯します。

雪の造形

雪だるまをつくろう

カラー➡p34

　雪が降って真っ先につくってみたいと思うのは雪だるまですね。
　さあ、大きな雪だるまをつくってみましょう。

雪だるまをつくろう

①最初に「雪玉をつくろう」(48ページ) を参考にして、小さな雪玉をつくります。

②できあがった雪玉を雪の上に置き、ころころと転がして大きくしていきます。このとき、転がす方向を変えながら、球形になるよう整えます。同じ方向にばかり転がしていると、「のり巻き」 のような形になってしまいます。

③ほどよい大きさになったら、雪だるまを置きたい場所まで移動させましょう。転がし続け過ぎると重くて動かなくなってしまいます。

④同様にして、もう一つ雪玉をつくります。これはやや小さめにします。

⑤初めにつくった雪玉の上に後からつくった小さめの雪玉を乗せると雪だるまの完成です。

雪のびっくりメモ★ 日本の雪だるまは2段ですが、欧米の雪だるま（Snowman）は普通3段です。日本の雪だるまは「だるま」をまねてつくられて ↗

雪だるまに顔をつけよう

雪だるまができたら、木の枝や木炭で目や鼻、口をつくり、バケツを頭にのせると定番の雪だるまになりますね。ニンジンやミカンなどを使ってみても面白い顔の雪だるまになります。

いろいろな工夫をして、世界に1つしかないオリジナル雪だるまをつくってみてはいかがでしょうか。

※雪だるまに使ったものは、ゴミにならないよう、後始末をきちんとしましょう。

↘ いますが、欧米の雪だるまは「人間」をまねてつくられているからです。

雪の造形
雪像をつくろう

雪像づくりは雪の多い地域ならではの遊びです。玄関前にひとつ、お客様をお出迎えしてくれる雪像をつくってみませんか。

準備するもの

スコップ、スプーン（大中小３種類くらいあると便利です）、ドライバー、バケツなどの丈夫な容器、じょうろ、そりやシートなど
※容器は雪のブロックをつくるためのものなので、雪を入れた時に持ち上げられる大きさのものにしましょう。

①容器にスコップで雪を入れ、じょうろで水をかけます。
②雪と水をムラがなくなるように混ぜ、しっかりと踏み固めます。
※しっかりと固めなければ、細部をつくった時に崩れてしまいます。
③容器をひっくり返して雪のかたまりを取り出します。
※そりやシートの上に取り出して雪像をつくれば、完成後に移動させることができます。
④１～３の作業を繰り返します。自分のつくりたい物の大きさに合わせて、縦、横に必要な数のかたまりを置きましょう。

雪のびっくりメモ★ 雪だるまの全国配送サービスがあります。これは「都会の人に真っ白な雪だるまをみせてあげたい」という早来町集配特定郵便局長 ↗

⑤積み重ねたかたまりのつなぎめは、水で少し湿らせた雪を使ってしっかりとつなぎます。

⑥スプーンやマイナスドライバーで、前後、左右、上の5面につくりたい物の大まかな図をかきます。

⑦削る場所の大きさに合わせ、スプーンやスコップなどの道具を使い分けながら、雪のかたまりを削ります。削りすぎてしまったところは雪を足して修正しましょう。

木の実や木の枝で雪像を飾りつけても面白いものができます。いろいろな雪像をつくって楽しみましょう。

↘（現北海道勇払郡安平町）の発案で始まったもので、雪だるま型の発泡スチロール容器に約4ｋｇの雪が詰め込まれています。

雪の造形
かまくらをつくろう

カラー➡p33

雪がたくさん積もったら、一度はつくってみたいのが「かまくら」です。かまくらの中での会話や食事はとても楽しいものです。自分たちだけの秘密基地のようで、大人も子どもも楽しめます。

準備するもの

たくさんの雪、スノーダンプ、スコップやシャベル（できれば金属製のもの）

1　雪山をつくる

スノーダンプやスコップ等を使って、大きな雪山をつくります。

かまくらをつくる場所に雪をたくさん集めて、スコップ等で叩いたり、足で踏みつけたりして雪を固めながら山をつくりましょう。このときにつくった雪山の大きさでかまくらの大きさが決まります。

2　入口を決める

雪山が十分な大きさになったら、入口をどこにするかを決めます。

入口にする部分の大きさを決めて木の枝などで目印をつけましょう。床になる部分を掘りすぎないようにしながら、目印にしたがってスコップで雪を取り除いて、入口をつくります。

雪のびっくりメモ★「かまくら」のルーツは、秋田県の東部で行われていた旧正月の風習にあります。現在は雪に穴を掘った雪洞型のものを ↗

3　穴を掘る

入口が決まったら、あとは掘り進めるだけです。スコップを使ってどんどん掘り進みましょう。調子にのって一方向だけを無計画に掘り進むと壁に穴が空いてしまうので気をつけましょう。壁や天井の厚みは少なくとも10ｃｍ以上は残した方が良いでしょう。

かまくらの中で火を使って調理したい場合は、天井に煙突のかわりの小さい穴を開けておきましょう。

4　床を踏み固める

雪山の中に十分な空間ができたら、床を平らに踏み固めて完成です。

かまくらで楽しもう

完成したかまくらの中に、保温容器に入れた飲み物や食べ物を持ち込んでパーティをしましょう。

大人と一緒に七輪などを持ち込んで、焼き物などをつくってみるなど、本格的なかまくらの楽しみ方もできます。

※融け落ちた雪の下敷きにならないように、雪融けの時期が近づいてきたら、かまくらは壊しましょう。

↘イメージしますが、昔は底部から立ち上げた四角い雪壁の上に、かやでつくった屋根をのせたものだったと考えられています。

雪の造形
イグルーをつくろう

イグルーとはイヌイットの人たちの言葉で「家」という意味です。

雪（氷）のブロックを積み重ねてつくります。

本場のイグルーは、ホッキョクグマが上にのっても壊れないほど頑丈だと言われています。時間はかかりますが、頑張ってつくってみましょう。

準備するもの

スコップ（シャベル）、雪用のこぎり（糸のこぎりでもよい）、じょうろ、霧吹き、ブルーシート、大きめの箱（農業用コンテナなど丈夫なものがよい）

【1日目：雪のブロックづくり】

①箱の中に、54ページの方法で雪を詰め、踏み固めます。

②ブルーシートの上に箱をひっくり返して、雪のかたまりを取り出します。ブロックは40～50個必要です。

※つくるイグルーの大きさによって必要なブロックの数は変わります。

③一晩おいてブロックを凍らせます。

【2日目：土台づくりと壁づくり】

●土台づくり

①イグルーをつくる場所の雪を踏み固めて基礎をつくります。

②雪用のこぎりやスコップ等を使って、床になる部分を円形に50cm程度掘り下げます。

●壁づくり

①一晩おいてできたブロックを土台のまわりに円形にして並べて1段目をつくります。

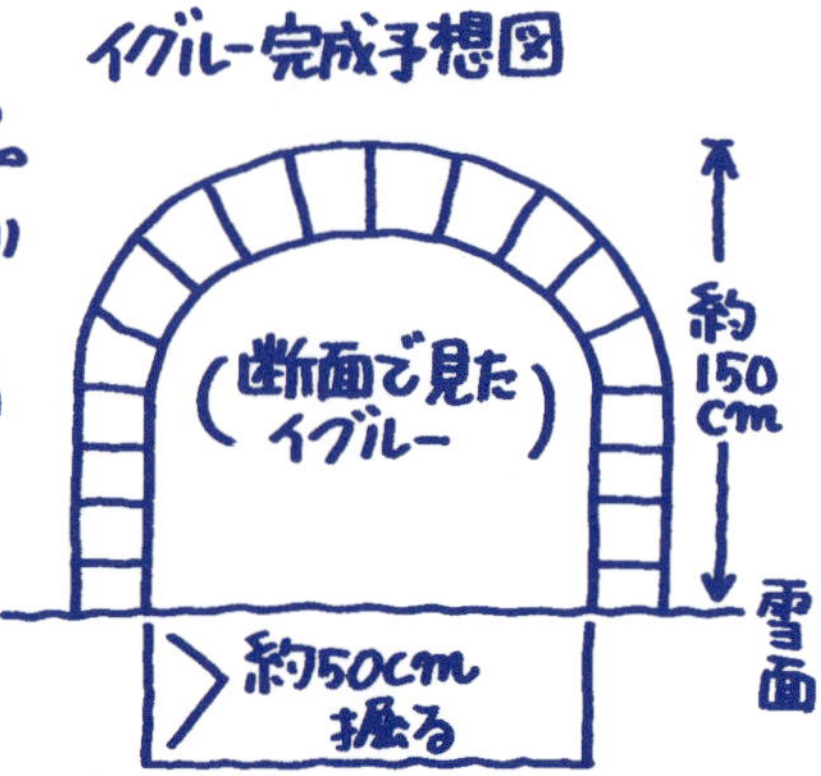

雪のびっくりメモ★ かつてイグルーで1年を過ごしていたイヌイットですが、現在はスノーモービルや自家用車に乗り、しっかりと暖房された暖かい家に ↗

②ブロックのすき間は雪をつめて、霧吹きで水をかけます。

③１段目の上に２段目、３段目とていねいにまっすぐブロックを重ねます。すき間は②と同じように埋めます。

④４段目からは、すこし傾けながら７～８段目くらいまで積み重ねます。内側は少し削ってきれいな曲線をつくります。

●天井部分のブロックづくり

ブロックを２～３個つなげて凍らせておきます。

【3日目：天井づくりと仕上げ】

①天井となるブロックをのせるところに霧吹きで水をかけます。

②天井部分のブロックを外側から積みます。

③ブロックのすき間に雪をつめて、霧吹きで水をかけます。

④細かいでこぼこやすき間にシャーベット状の雪をぬって、なめらかにします。

⑤最後に入口部分にドーム状にブロックを積み上げて風よけをつくると完成です。

↘ 住んでいます。イグルーを使う機会は、冬季のアザラシ猟などで猟場での短期滞在用として使われている程度です。

実験・観察

雪の結晶を見てみよう

カラー➡p36

「雪は天から送られた手紙である」
雪博士として有名な中谷《なかや》宇吉郎《うきちろう》さんの言葉です。雪の結晶は、１つひとつ違った形をしています。たくさんの雪が降ってくるのに不思議ですね。

どんな形の雪が降ってきているのか、雪の結晶を観察してみましょう。

準備するもの

虫眼鏡（ピークルーペがあると便利です）、手頃な大きさのダンボールや板、黒い布（光を反射しにくいフェルトやベルベットがよい）、観察カード

観察の準備をしよう

ダンボールや板に黒い布をはり付けて観察用の板をつくります。完成した板と虫眼鏡は冷やしておきましょう。

※温かいと雪の結晶が融けてしまいます。

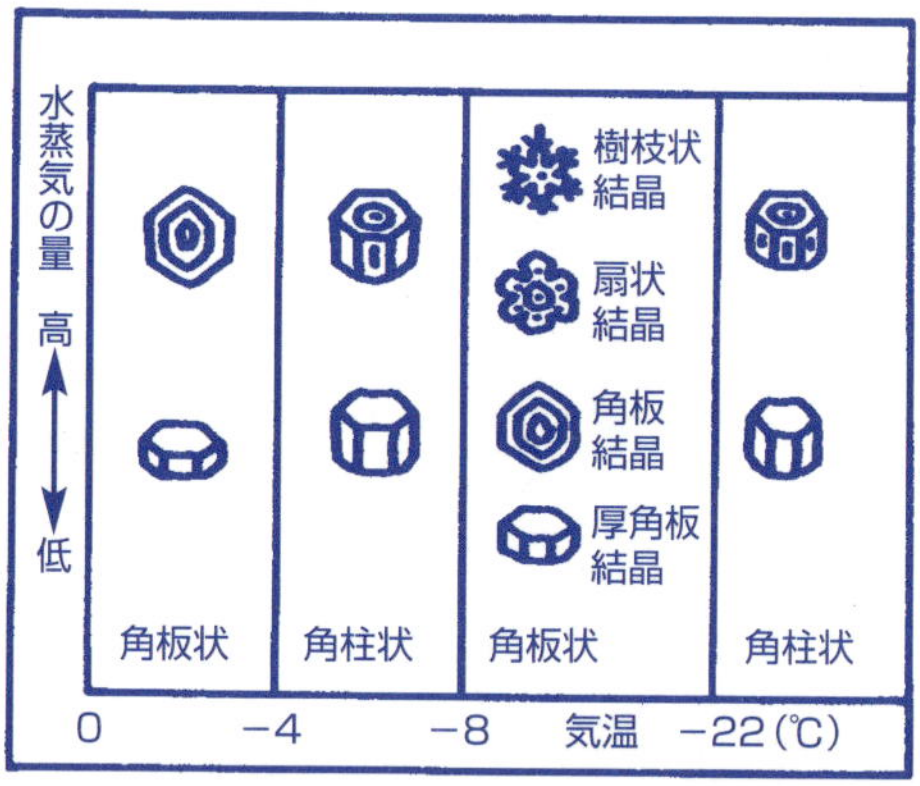

観察のしかた

①降ってくる雪を観察用の板でそっと受けます。

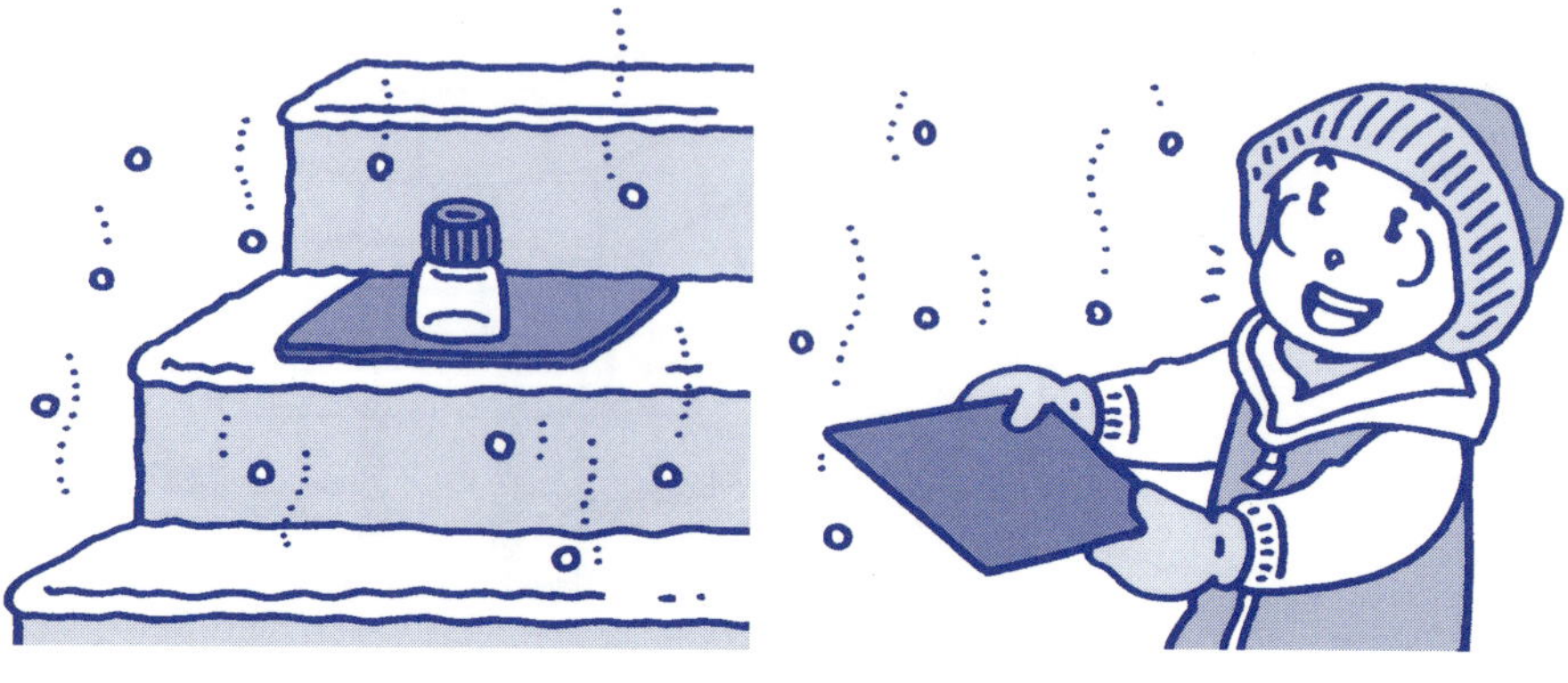

雪のびっくりメモ★「雪の結晶は六角形である」ことが初めて書かれた書物は、紀元前150年頃の中国・前漢時代に韓嬰が著した「韓詩外傳」であると ↗

②板にうまくとれた雪の結晶を、息を吹きかけないように注意しながらすばやく虫眼鏡で観察しましょう。

※観察カードと見比べながら観察するとよいです。

とけないうちに観察!

雪の結晶の種類

雪の結晶の形を決めるのは上空の温度や水蒸気の量といった空気の状態です。まったく同じ状態が続くことはほとんどありませんから、観察するごとに、全く違った形の雪の結晶が見られます。

あなたが観察した雪の結晶には、空が今、どんな状態にあると書かれていましたか。

いろんな形があるね!
わあ~.きれい!

↘考えられています。また、六角対称の雪の結晶図で最も古いのは１６３７年に哲学者デカルトがオランダで描いたものです。

実験・観察

雪には何が含まれているの？

雪国で育った人なら子どもの頃に雪を食べたりなめたことが、一度はあるでしょう。

でも、その雪はなめても大丈夫だったのでしょうか。いろいろなところに積もっている雪を融かして、何が含まれているのか調べてみましょう。

準備するもの

ジップ付ポリ袋、手袋、虫眼鏡

実験のしかた

1

ジップ付ポリ袋に次のような雪を種類ごとにすき間なく入れます。

【例】
降ったばかりのさらさらした雪
積もって時間がたっているかたい雪
少し融けかかった湿っぽい雪

2

ジップをしっかり閉じ、ボウルや鍋に入れたお湯につけて雪を融かします。

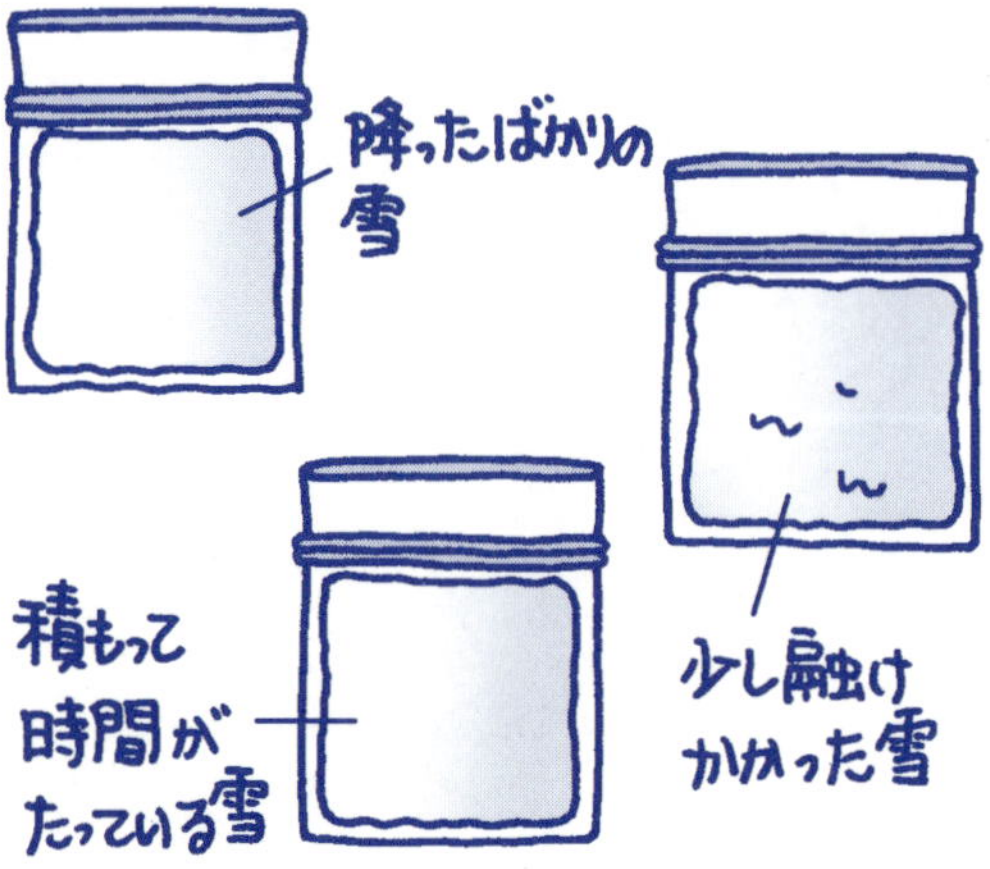

雪のびっくりメモ★ 雪国では、融雪剤とよばれる薬品（塩化カルシウムなど）を道路にまいて路面が凍るのを防ぎます。しかし、融雪剤により自動車が ↗

3
雪が全て融けた後、袋の中を観察します。

空気が融けていた？

降ったばかりのさらさらした雪を入れたポリ袋の中には、空気がたくさん入っていて、水は少ししかありません。積もって時間がたっているかたい雪や少し融けかかった湿っぽい雪を入れた袋の中にも半分くらい空気が入っています。この空気はどこから出てきたのでしょうか。

雪のかたまりを虫眼鏡で観察してみると、細かい氷の粒がたくさん見えます。雪は細かい氷の粒でできているのです。この氷の粒の間にはたくさんのすき間があります。このすき間に空気があるために、雪の体積は大きいのです。雪が融けた後にポリ袋の中にあった空気は、氷のすき間にはさまれていた空気です。

雪に含まれているものは？

空気以外にどんなものが含まれているのでしょうか。雪が融けた後の水をじっくり観察してみましょう。

真っ白な雪を融かした水の中にも、細かい砂のようなものが入っています。

これは、空気中にただよう細かい砂やちりです。この他にも空気中には、顕微鏡でも見えないくらい小さなちりがたくさんあります。

これらのような細かい砂やちりに空気中の水蒸気が付着しながら凍ってできたのが雪の結晶です。

真っ白な雪にもいろいろなものが含まれていますから、食べるのはやめた方がよさそうですね。

↘サビやすくなったり、動植物の成長が阻害されるなどの問題もあります。

実験・観察

雪を探そう

カラー➡p38

「雪が降ってきたよ」と子どもの嬉しそうな声が聞こえてくる季節。

子どもたちは、空から宝物でも落ちてくるようなまなざしで空を見上げています。

降ってきた雪を一生懸命に捕まえようとしても、あっという間に融けてなくなってしまいます。

でも、近くを探せば雪はきっと残っているはず。さて、どんなところに雪があるのか探してみましょう。

準備するもの

寒くない服装（防寒長靴・手袋・上着など）、温度計、虫眼鏡

家や学校のまわりを見てみよう

うっすらと積もった雪が残っているのは、どんなところでしょうか。

●観察のポイント

①日なたと日陰を比べてみましょう。
雪がたくさん残っているのはどちらでしょうか。

②どうして雪が残っている量に差があるのでしょうか。日なたと日陰の気温を調べてみましょう。

③それぞれの場所に融けないで残っている雪に違いはあるでしょうか。
虫眼鏡で見たり、手で触ったりしてみましょう。粒の大きさや形、手触りはどう違いますか。

雪のびっくりメモ★ 雪が降らないと考えられる熱帯でも、標高5000m以上あるキリマンジャロやケニア山のような高い山の上には雪があります。

街の中を調べてみよう

街の中ではどうでしょうか。近くを散歩しながら、観察してみましょう。

●観察するところの例

車が通る車庫の前、歩行者専用道路、タイル張りの歩道、地下鉄や地下街の出入口、横断歩道、バスやタクシーの乗り場、ロードヒーティングされている場所、店の前、公園の遊具のまわり……など。

●観察のポイント

①人や車がたくさん通るところと通らないところで違いはあるでしょうか。
②コンクリートやタイル張りなど、道路をつくっているもので違いはあるでしょうか。
③雪が融けて氷になっているところや滑りやすいところは、どんなところでしょうか。
④降ったばかりの雪とずっと前に積もった雪とでは、違いがあるでしょうか。

雪のびっくりメモ★ 砂漠には雪が降らないように思えますが、中国内陸部にあるタクラマカン砂漠は、冬にかなりの低温となるため雪が積もります。

実験・観察
風がつくる雪の模様を探そう

カラー➡p38

　砂浜の砂に、きれいな模様ができるのを知っていますか？　強い風が吹いた後などには、様々な模様が見られます。これを風紋《ふうもん》とよびます。
　雪の上でもそのような模様がつくりだされます。どのような風紋がつくりだされるでしょうか？
　身近な物を使って、風紋をつくり、観察してみましょう。

準備するもの
木の板、バケツ、スコップ　など

風紋をつくろう

　天気予報を見て、風が強くなりそうな日がわかったら、雪原に工夫をしておきましょう。

●方法
①風の通りが良さそうな雪原を選んで、雪の上に木の板やバケツなどを風で飛ばされないように工夫して埋めておきましょう。
②平らな雪原の一部をスコップで掘って穴をあけておきましょう。
③風が吹くのを待ちましょう。

雪のびっくりメモ★日本の最低気温の記録は1902年1月25日に北海道旭川市で記録されたマイナス41・0℃です。（気象庁データより）

●観察のポイント

①木の板のまわりにはどのような風紋ができているでしょうか。風が吹いてきた方向と風紋のでき方を調べてみましょう。

②スコップで掘った穴は埋まってしまったでしょうか。雪の上に何か模様はできていませんか。調べてみましょう。

③平らな雪原の上には何か模様はできていませんか。立木のまわりや建物のまわりを探してみましょう。

まぶしいから雪眼鏡

準備するもの

厚紙、ナイフ、輪ゴム

天気の良い雪原の中では、太陽の光が雪に反射してまぶしく感じます。北極圏で生活をするイヌイットの人たちはトナカイの角などを削って雪眼鏡をつくりました。サングラスの原点です。風紋を見やすくするために雪眼鏡をつくってみましょう。

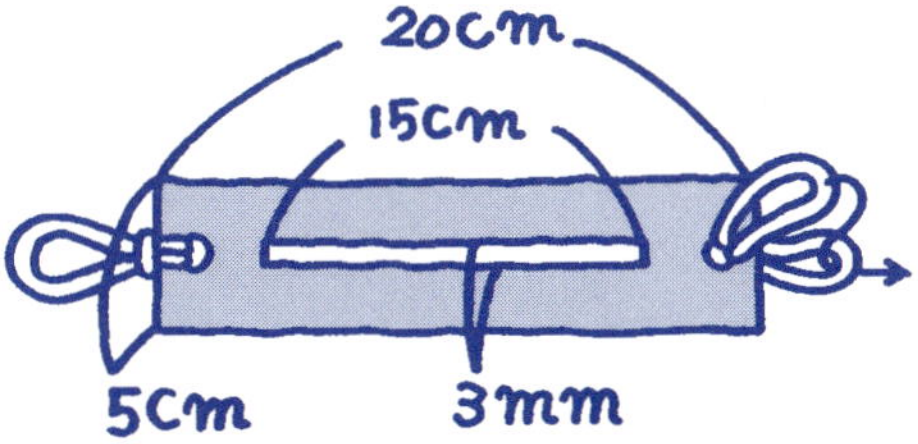

①厚紙を5cm×20ｃｍに切る。
②両端に輪ゴムを通す穴をあける。
③目の位置に3mm×15cmくらいの細い穴（スリット）をあける。

雪眼鏡をすると、目に入ってくる光の量が少なくなって、かなりまぶしさがへります。雪に囲まれて暮らしているイヌイットの人たちは、このような工夫をして猟をしていたの

雪のびっくりメモ★ 日本での1日の最大降雪量の記録は、1947年2月28日に富山県富山市真川で観測された180㎝です。

実験・観察

雪を掘ってみよう

雪のしま模様を見よう

カラー➲p38

　南極の氷は何年もかけて積み重なり、その断面はしま模様になっているといいます。私たちの足下の雪はどうでしょう。雪を掘って調べてみましょう。

準備するもの

平型シャベルなど、霧吹き、車用のウオッシャー液、食用色素（青色や赤色）

観察のしかた

1

雪を地面に向けて深く掘り、垂直な雪の断面を切り出します。

2

切り出した断面ができるだけ平らになるよう、平形シャベル等で整形します。

3

食用色素で色をつけたウォッシャー液を霧吹きで吹きかけます。

雪のびっくりメモ★ 上昇気流で雪の結晶が雲の中を何度も上下し、融けたり凍ったりを繰り返しながら直径2～5㎜の氷の粒となって降ってくるのが ↗

切り出した雪の断面を観察してみましょう。積雪層と呼ばれる雪のしま模様があります。

一番上の層は最近降った雪の層です。そこから地面に近いほど古い雪となります。しまの間隔を見てみましょう。間隔が広い層は一度にたくさんの雪が降ったときにできた層です。

さらにそれぞれの層に含まれているものを調べてみましょう。木の枝が見つかった層は強風が吹いていた時にできた層です。黄色や赤茶色の層があれば、中国から飛んできた黄砂が含まれている可能性もあります。

今年はどんな雪が降ったでしょうか。雪の履歴書とも言える積雪層を観察してみましょう。

↘霰（あられ）です。霰には、氷でできた半透明の「氷霰」と融けかかった雪が落ちてくる間に再び凍った白色の「雪霰」があります。

実験・観察

雪を掘ってみよう

雪の中の温度を測ろう

雪がたくさん積もって辺りはすっかり雪景色です。北国では「雪がある方が暖かい」という言葉をよく耳にします。それはどういう意味なのでしょうか。

雪の中の温度を測ってみましょう。

準備するもの

スコップ（シャベル）、棒状温度計（マイナスの温度が測れるもの）、巻き尺（2m以上）

観察のしかた

1

68ページのように雪を地面まで掘り進めます。

2

太陽の光が当たらない方向の断面を垂直に切り出します。

3

切り出して間もない断面に、一定の間隔をあけて温度計を深く差し込みます。

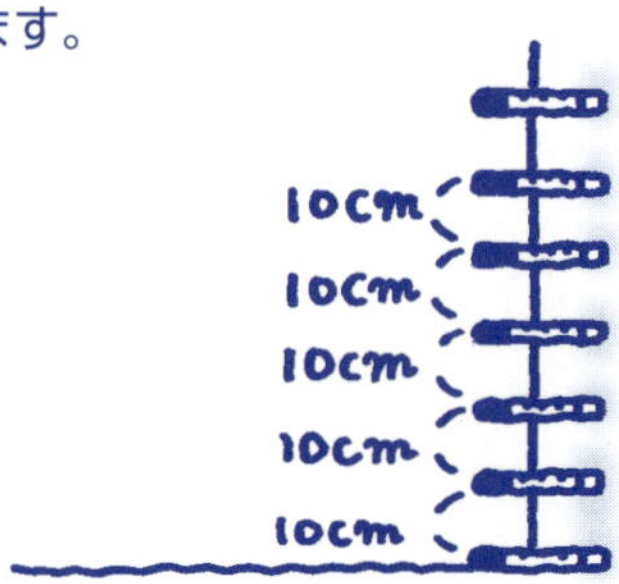

4

数分後にそれぞれの深さの温度を調べます。

雪のびっくりメモ★1917年6月29日、埼玉県熊谷市郊外で直径29・6㎝のひょうが降りました。また、1933年6月14日には兵庫県播磨地方で ↗

表の例では表面から少しずつ温度が下がり、深さ10cmのところで最も低くなっています。さらに深くなると、今度は少しずつ温度が高くなっています。

表面から深さ10cmのところが最も低い温度になっているのはなぜでしょうか。

雪はその中に空気をたくさん含んでいますから（63ページ）、断熱効果が大変すぐれています。

ですから、夜間にどれだけ気温が下がっても、積もっている雪の下の方はすぐには冷やされません。逆に雪の表面付近は外気の影響を受けて冷やされ、さらに直接、日射しを受けて温められますから、表のような温度の差ができるのです。

深い雪の下は、思いのほかあたたかいのです。このような断熱剤としての雪のはたらきが、冬の生物たちに暖かい冬越しの場を与えているのです。（72ページ）

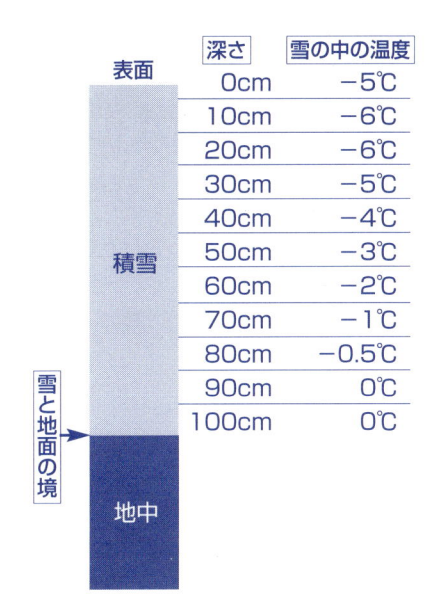

深さ	雪の中の温度
0cm	−5℃
10cm	−6℃
20cm	−6℃
30cm	−5℃
40cm	−4℃
50cm	−3℃
60cm	−2℃
70cm	−1℃
80cm	−0.5℃
90cm	0℃
100cm	0℃

↘直径40～50㎜のひょうが降り、死者10人、重軽傷者164人、住家全壊119戸という大きな被害がありました。

実験・観察

雪の下では何が起こっている？

キツネが真っ白な雪原の上を歩いています。時々雪原を見つめるようにして、耳を澄ましているようにも見えます。いったい雪の下では何が起こっているのでしょうか？

冬眠しない動物たち

秋になるとエサをため込んで、穴にこもる動物がいます。ヒグマやシマリス・ヤマネなどです。冬ごもりすることを冬眠といいます。どんな動物でも冬眠をするわけではありません。キツネのように、冬の間も元気に雪の中で生活している動物たちもいます。

下の絵のようなキツネの行動は一体何を意味しているのでしょうか？雪の中で何かが動いているのでしょうか？

春の痕跡から考える

キタキツネの行動を考えるために、時間を進めて春の雪解けの様子を見てみることにしましょう。雪解けの後にはイラストのような模様がでてくることがあります。よく見てみると、細かい木の葉などが積み重なってできているようです。何かの生活の痕跡なのではないでしょうか。

雪のびっくりメモ★　動物には気温とともに体温が変化する変温動物といつも体温が一定の恒温動物がいます。両生類やは虫類のような変温動物は、↗

キツネの足跡を追跡する

雪原についたキツネが歩いた足跡をつけてみることにしましょう。そのままでは雪に埋まりやすいのでスキーやかんじきをはくと良いでしょう。

まっすぐに付いている足跡をたどっていくと、途中に大きな穴が開いていることがあります。どうやらこれはキツネがジャンプして頭を雪の中につっこんだ跡のようです。雪の下には何かがいるようです。

こんな生き物が雪のトンネルに

広い雪原の下には、私たち人間からは見ることのできない世界が広がっているようです。

カラー39ページの写真は、たまたま雪を掘っていたときに出てきたネズミの写真です。どうやら雪の中にトンネルを造ってその中をネズミたちが移動しているようです。キツネはその足音などを聞いてねらいを定め、ネズミを捕まえようとしていたのです。春の雪解けのときに見られた謎の模様は、ネズミたちがつくったトンネルの跡だったのです。

他にはなにか動物たちの生活の跡は見つからないでしょうか？　よく観察してみましょう。

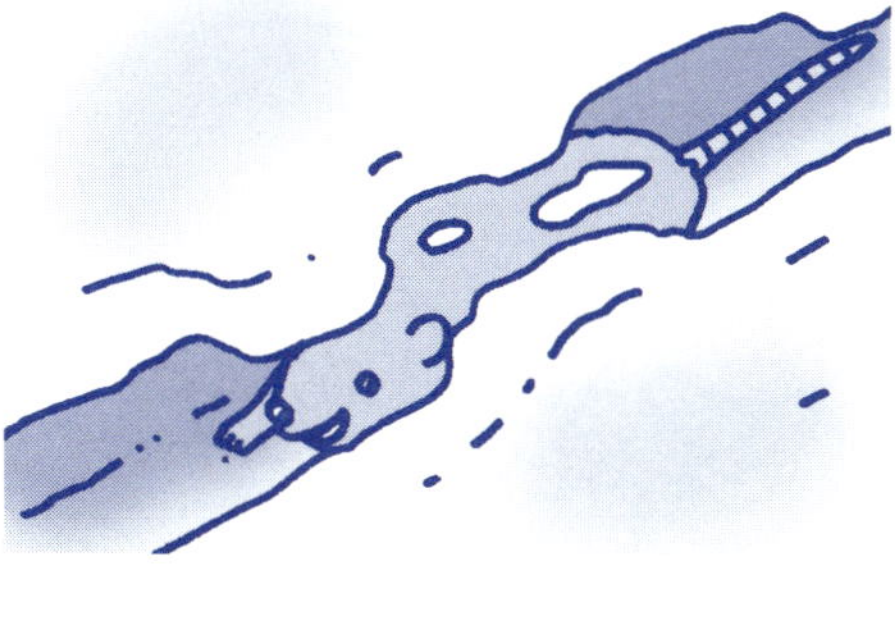

↘ 寒くなると体温が下がり活動ができなくなり、土の中にもぐって冬眠しています。

実験・観察
冬の動物園に行こう！

　世界各地から集められた動物たちが私たちを迎えてくれる動物園。冬でも営業している動物園があります。冬の動物たちはどんな生活をしているのでしょうか。
　「雪やこんこ……」の歌詞の中では、「イヌは喜び庭駆け回り、ネコはこたつで丸くなる」と歌われています。実際はどうでしょうか。

元気なホッキョクグマ

　寒い北極に住んでいるホッキョクグマ（シロクマ）は、夏の暑さは大の苦手ですが、冬になったら元気いっぱい。でも、白は太陽の熱を跳ね返し、黒は太陽の熱を吸収するはず。どうしてホッキョクグマは白いのでしょうか。

　ホッキョクグマの鼻のあたりを見てみましょう。鼻の周辺は毛が短いので地肌が見えているはずです。地肌が黒っぽいことに気がつきますか。実はホッキョクグマの地肌は黒いのです。毛の1本1本は細いストローのようで、空気がつまっています。その1本ずつは透明ですが、たくさん集まって白く見えているのです。黒い地肌の上に透明なコートを着ているようなイメージです。

　氷や雪の上をすべらないで歩くホッキョクグマの足の裏はどうなっているでしょう。すべらない工夫はあるでしょうか。

雪のびっくりメモ★ ほ乳類は恒温動物です。しかし、クマやシマリスなどのように冬眠するほ乳類もいます。秋のうちにたくさんの食べ物を食べて ↗

トナカイも元気

冬になって元気でいて欲しい動物のもう一つはトナカイです。クリスマスの時期にトナカイの絵を見たことはあるでしょう。では、本物のトナカイを見たことがありますか。

オスには大きな角が生えています。しかし、その角は冬になると落ちてしまいます。メスには冬に角が生えていますが小さな角です。サンタクロースのソリを引いているトナカイはオスメスどちらなのでしょう。角を見て考えてみましょう。

イヌの仲間とネコの仲間

動物園にいるイヌの仲間はオオカミやキツネ、タヌキなどです。ライオンやトラなどネコの仲間の多くは暖かい地方で生活している動物たちです。オオカミなどは元気に外を歩いていますが、ライオンやトラなどは室内にいることが多いです。「ネコはこたつで……」という歌詞は合っているのかもしれませんね。

ペンギンの羽根

冬でも元気なペンギン。これは鳥の仲間です。見ていると、おしりの所にクチバシをもっていき、そのあと羽根にこすりつけています。おしりから脂が出ていて、羽根の防水のためにぬっているのです。他の水鳥たちはどうでしょうか。

↘ エネルギーを蓄え、冬ごもりするのです。しかし、両生類やは虫類の冬眠と比べ、比較的浅い眠りだといわれています。

実験・観察

雪の中で音は聞こえる？

雪が降ると外の世界は“しーん”と静まりかえります。“雪がしんしんと降る”という例えは、そんな様子を表したものです。ところで、雪が降ると本当に音が聞こえにくくなるのでしょうか。

準備するもの
ゴムホース（数m）2本、スコップ

雪が音を伝えやすいか調べよう

●**実験装置づくり**

①50cmくらいの間隔をあけて、2本のゴムホースを平行に雪の中に埋めます。

②一方のゴムホースを引き抜いて、雪のホースをつくります。

●**方法**

はじめに埋まっているゴムホースの端と端で話をしてみましょう。

次にホースを抜いた穴の端と端で話をしてみましょう。どちらがよく聞こえるでしょうか。

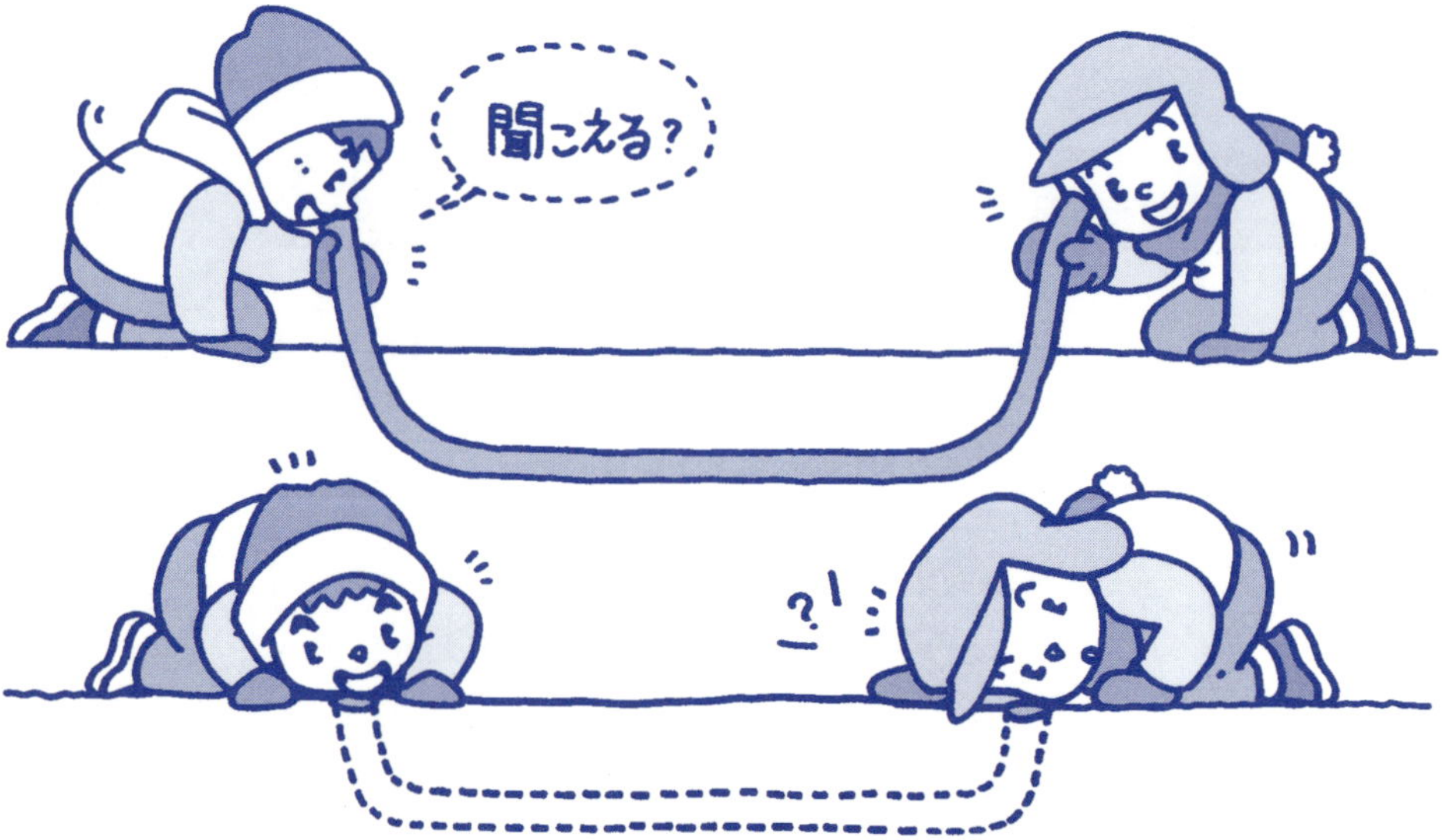

雪のびっくりメモ★ 雪が降り積もると、遠くの列車の音が聞こえることがあります。音は、温かい空気より冷たい空気の方向に進む性質があるので、↗

どうして雪は音を伝えにくいの？

ゴムホースでは友だちの声が聞こえたのに、雪のホースでは声が聞こえませんでしたね。それはなぜでしょうか。

音は地面などに反射しながら遠くまで届きます。実験の例でいえば、友だちの声はゴムホースの中で反射しながら進んで自分の耳に届きました。

では、雪のホースでは音はどこへ行ってしまったのでしょうか。

63ページで説明したように、雪の粒と粒の間にたくさんのすき間があります。この雪の間の空気のすき間に音が閉じこめられてしまうのです。条件によっては80%の音を吸収するという研究データもあります。

雪が降ったばかりである新雪の状態は、最も空気をたくさん含んでいるので（62ページ）、よく音を吸収します。時間がたつにつれ、雪が融けたり固まったりしながら、だんだん隙間が埋まってくると、雪は音を吸収しにくくなり、音が伝わるようになってきます。

↘ 通常なら上空へ逃げる音が逃げず、雪で冷やされた地表近くの空気の中を進み続けるからです。

雪のびっくりメモ★秋になるとカマキリは、防寒のためのクッションのような物に包まれた卵を草の茎などに産み付けます。卵塊の高さは年によって↗

実験・観察

雪の中の生き物を探そう

雪が降って一面銀世界。そんな中でもたくましく生活している動物はたくさんいますし、春を待つ植物たちも必死に寒さに耐えています。そんな様子を探し出してみましょう。

春を待つ植物たちの顔を見に行こう！

準備するもの

スケッチブック、デジタルカメラ、虫眼鏡、植物図鑑など

寒くなるとすっかり葉を落としてしまう多くの木と、マツなどのように一年中緑色の葉をつけている植物たちがあります。葉を落としてしまった植物たちをじっくり見たことはありますか？　どのようにして春を待っているのか探検にいってみましょう。

葉を落としてしまった木には、冬芽と呼ばれるものが見られます。どんな冬芽があるのか探してみましょう。小さい物もあるので虫眼鏡があると便利です。

●観察のポイント

できるだけ、若い枝が見やすいです。できれば前の年の春に出てきた枝を探してみるのがよいでしょう。

●木の枝に顔がある！カラー➲p39

冬芽を見たとき、木の枝に顔のような模様がついていることがあります。どんな顔を見つけることができるでしょう。顔をつくり出している部分を「葉痕《ようこん》」といいます。秋まで葉が付いていた名残です。木の葉には、線のようなスジがありますが、そのスジは木の枝にもつながっています。秋になって葉がとれてしまったとき、スジがつながっていた部分が目や口のように見えて、まるで人や動物の顔のように見えるのです。この葉痕は、木の種類によって違うので、種類を決めるポイントにもなります。

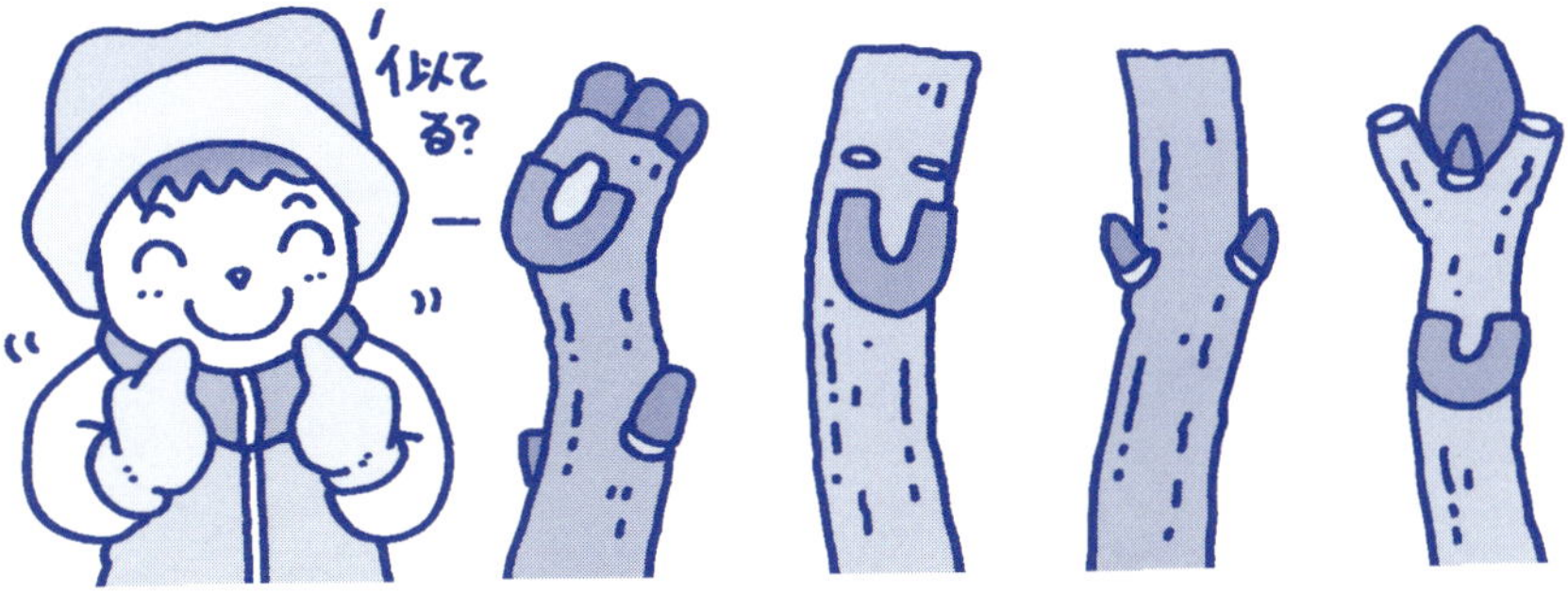

動物の足跡を探せ

雪の上には動物たちの足跡がたくさん残っています。それをたどっていくと、ただ歩いているだけではないことに気がつきます。

足跡を見つけたら、それをたどってみることにしましょう。

足跡の間に線がついていたら、それはしっぽの跡。たぶんネズミの仲間です。雪の下に潜り込む穴はないでしょうか？

鳥たちの足跡もきれいに残っています。雪原に降りたときに、翼がついて跡が残っていることもあります。

そんな跡をたどりながら、動物たちの生活の様子をイメージしてみましょう。ものを食べた跡やうんちが見つかることもありますよ。

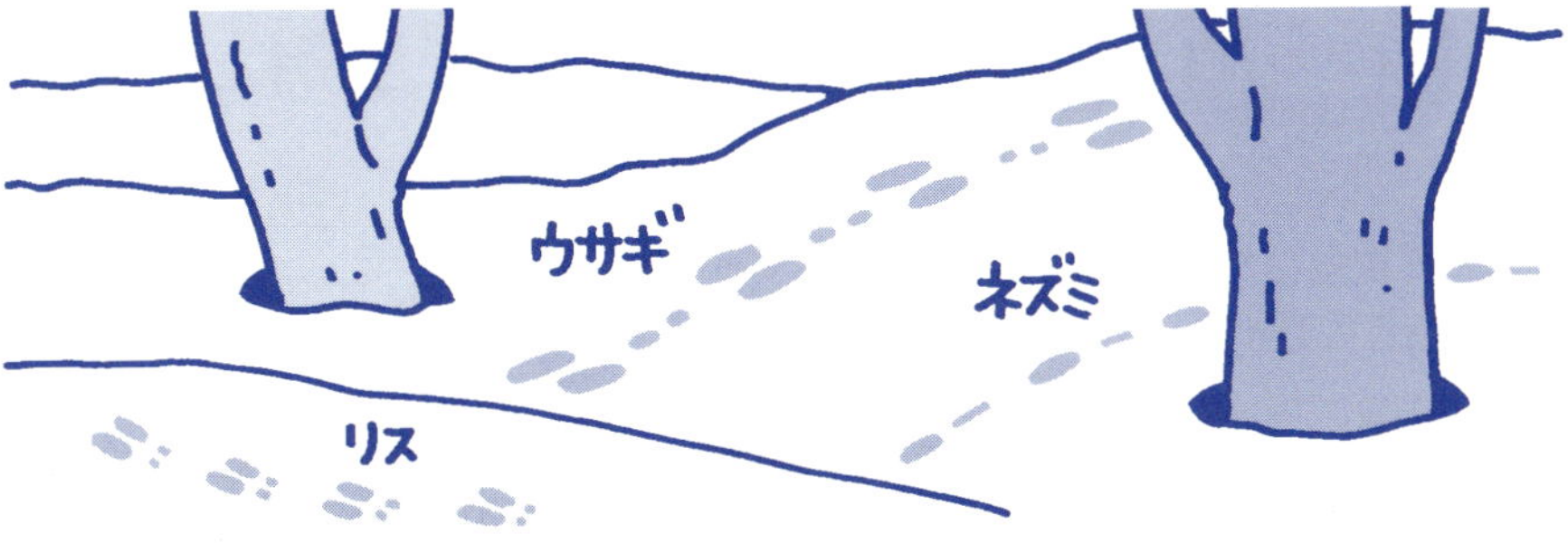

↘異なり、雪が多くなる冬には高いところに、雪が少ない年は低いところに産みつけるといわれています。降雪量が予想できるのでしょう。

アイスクリームをつくろう

　アイスクリームといえば、冷凍庫から出して食べるもの。でも、雪や氷を冷却剤として使えば簡単にアイスクリームをつくることができます。いろいろなアイスクリームを自分でつくってみましょう。

材料（6人分）

牛乳300cc　砂糖80g
生クリーム150cc　雪2kgくらい
ジップ付ポリ袋（Lサイズ）1枚
大きめのレジ袋2～3枚
布ガムテープ　食塩500gくらい

つくり方

1
材料（牛乳・砂糖・生クリーム）をジップ付ポリ袋に入れます。

2
空気をできるだけぬいて、ジップをしっかりしめます。

3
ジップのところに布ガムテープを貼ってしっかりと口をふさぎます。

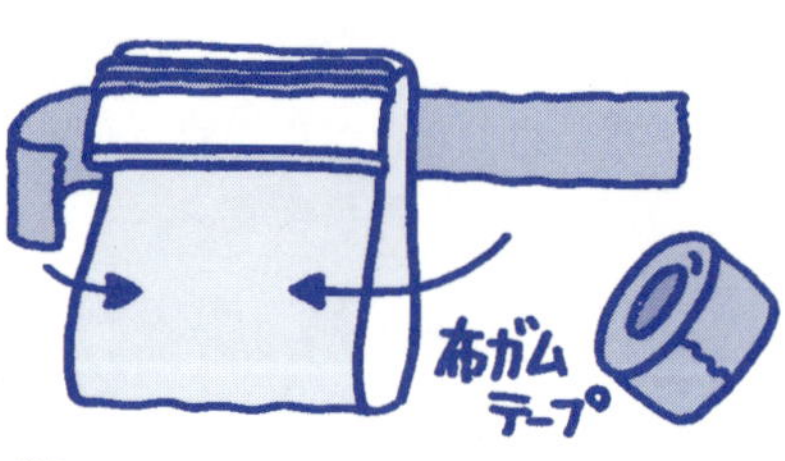

4
ジップ付ポリ袋を軽くもんで、材料を混ぜ合わせます。

5
2～3枚重ねたレジ袋に2kgくらいの雪を入れます。

雪のびっくりメモ★〝乾いた氷〟という意味のドライアイスは、二酸化炭素を冷やして固めたものです。ドライアイスを温めると、↗

6

500ｇくらいの食塩を雪の中に入れて混ぜます。

※雪と食塩を４：１の割合で混ぜると最も温度が下がります。

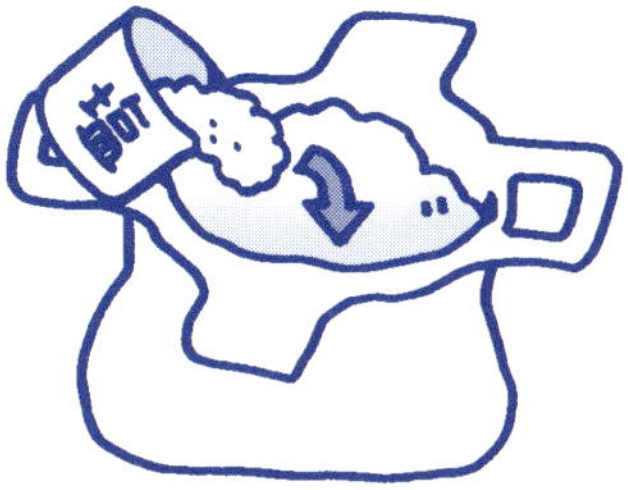

8

食塩が底にたまらないように注意しながら20分くらいレジ袋をふったり、もんだりします。

※とても冷たくなるので、素手だと手が痛くなります。スキー用手袋をするとよいでしょう。

9

材料が固まってきたら、アイスクリームのできあがりです。

7

材料の入ったジップ付ポリ袋をレジ袋の中に入れて、よくもみます。

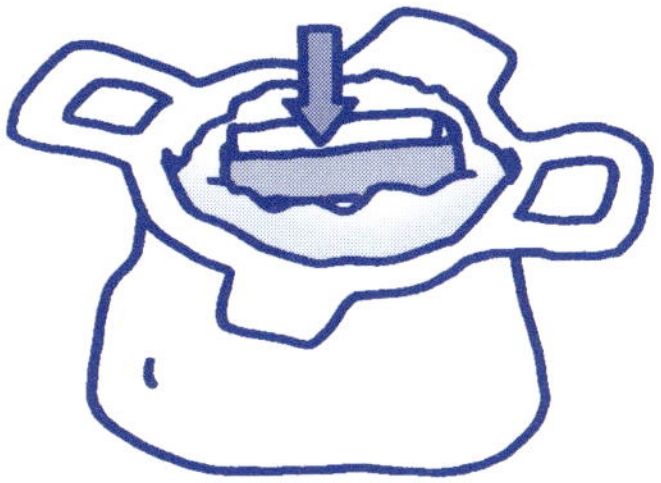

応用編

①材料に卵黄を２つくらい加えたり、バニラエッセンスを少し入れたりすると、より本格的なバニラアイスになります。

②牛乳の代わりにコーヒー牛乳やいちご味の乳飲料を入れるとアイスの味が変わります。ただし、これらの乳飲料には糖分が入っているので、加える砂糖の量は減らした方がうまくいきます。

③牛乳、砂糖、生クリームの代わりにジュースを入れるとシャーベットが簡単にできます。

このようにジップ付ポリ袋の中の材料を変えてみると、いろいろなアイスクリームやシャーベットができます。ぜひお試しください。

↘固体から液体を経ずに、二酸化炭素の気体になります。ですから、ドライアイスで濡れるということはありません。

実験・観察

氷を釣って遊ぼう

１本のひもを使い、みんなで氷釣りをして遊びましょう。ちょっとしたコツが必要ですが、誰でも簡単に釣れるようになります。

準備するもの

割りばし、氷、たこ糸（10～20cm程度）、皿、水、食塩

氷釣り用の釣りざおをつくろう

たこ糸を割りばしの先に結びつけます。そして、結びつけていない側のたこ糸の先を細かくほぐせば完成です。釣り針はいらないのです。

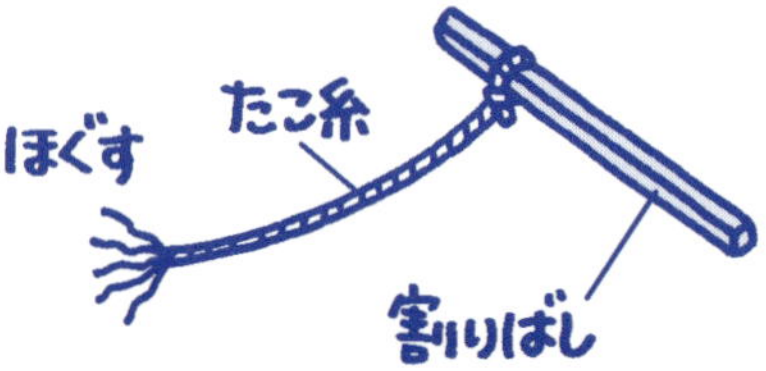

氷釣りの実験

釣りざおができたところで、さっそく氷釣りに挑戦してみましょう。たこ糸が乾いているときと、水でぬらしたときのどちらが釣れると思いますか。

①皿の上に冷蔵庫から取り出したばかりの氷をのせる。
②たこ糸の先を氷につける。（たこ糸が乾いているときとぬれているときを比較してみよう）
③氷に上にたこ糸をつけたら、ゆっくりとひっぱり上げてみよう。

※釣れたときの氷の表面はどのようになっているか観察しよう。

しばらく遊んでいると、氷の温度が上がってきて氷が融け始め、釣った氷が落ちてしまうようになります。そんなときは氷に食塩をふりかけて１～２分待ってみましょう。再び、氷が釣れるようになります。

雪のびっくりメモ★ 気温がマイナス5℃以下のとき、水滴が凍らずに霧のままである場合があります。それが風で冷たい木の枝などにぶつかり、衝撃で ↗

どうして氷が釣れるの？

冷凍庫はたいていマイナス10℃以下になっています。冷凍庫で水を冷やすと、水の温度はどんどん下がって０℃で氷になり、凍った後も冷やされていって、冷凍庫の温度とほぼ同じマイナス10℃以下の氷になっています。

水でぬらしたたこ糸を冷凍庫から出したばかりの氷の上にくっつけると、たこ糸についていた水が冷やされて氷になります。そのため、氷釣りができるのです。ぬれた手で氷にさわると、氷に手がくっついてしまうのと同じことです。

食塩を使うと、また釣れるようになるのはなぜ？

しばらく遊んでいると、マイナス10℃以下だった氷の温度が０℃近くまで上がります。そうなると、たこ糸についていた水も融け始め、くっつく力がなくなります。

そこで、食塩をふりかけます。氷に食塩をかけると温度が下がります（81ページ）。この現象を利用すると、氷の温度が再びマイナス10℃以下まで下がり、たこ糸についている水が氷になるので、再び氷が釣れるようになるのです。

↘瞬間的に凍りついたものを「樹氷」といいます。氷が成長していくと、尾びれの形をした「エビのしっぽ」と呼ばれる氷ができます。

実験・観察
氷の不思議な世界

　私たちに身近な氷。ここでは氷の不思議な世界をのぞいてみましょう。

透明な氷をつくる

　レストランなどで出てくる透明な氷を家庭でつくろうとしても、なかなかうまくいきません。しかし、工夫すれば、家庭でも透明な氷をつくることができます。ポイントは次の3つです。

1　空気や不純物のない水を使う。
2　ゆっくりと凍らせる。
3　動かしながら凍らせる。

　完全に1の状態の水をつくり出すのは不可能ですが、浄水器を通した水の湯ざましを使うとよいようです。

　2の方法を使う場合は、発泡スチロールなどの断熱材を製氷皿の下に置き、タオルで製氷皿を包みましょう。急速に凍らせると、空気や不純物が逃げる間もないので、白っぽい氷になります。（32ページ）

雪のびっくりメモ★　洗濯物が乾くことからわかるように、水は気温に関係なく蒸発します。水の固体である氷も温度に関係なく表面から少しずつ ↗

切れない氷

バケツや牛乳パックで大きめの氷をつくりましょう。両端におもりをつけた針金を氷の上に渡します。時間が経つと針金が氷の中にくい込んでいきます。そのうち氷が切れるでしょうか。

いったん氷の中にくい込んだ針金を上に引き上げようとしても全く抜くことができません。なぜでしょう。

針金があたった部分の氷は、おもりによる圧力がかかり、とけて切れます。針金が通過した後には、とけた水が再び凍り、針金が動かなくなったのです。この現象は、氷が復活するので復氷と呼ばれています。

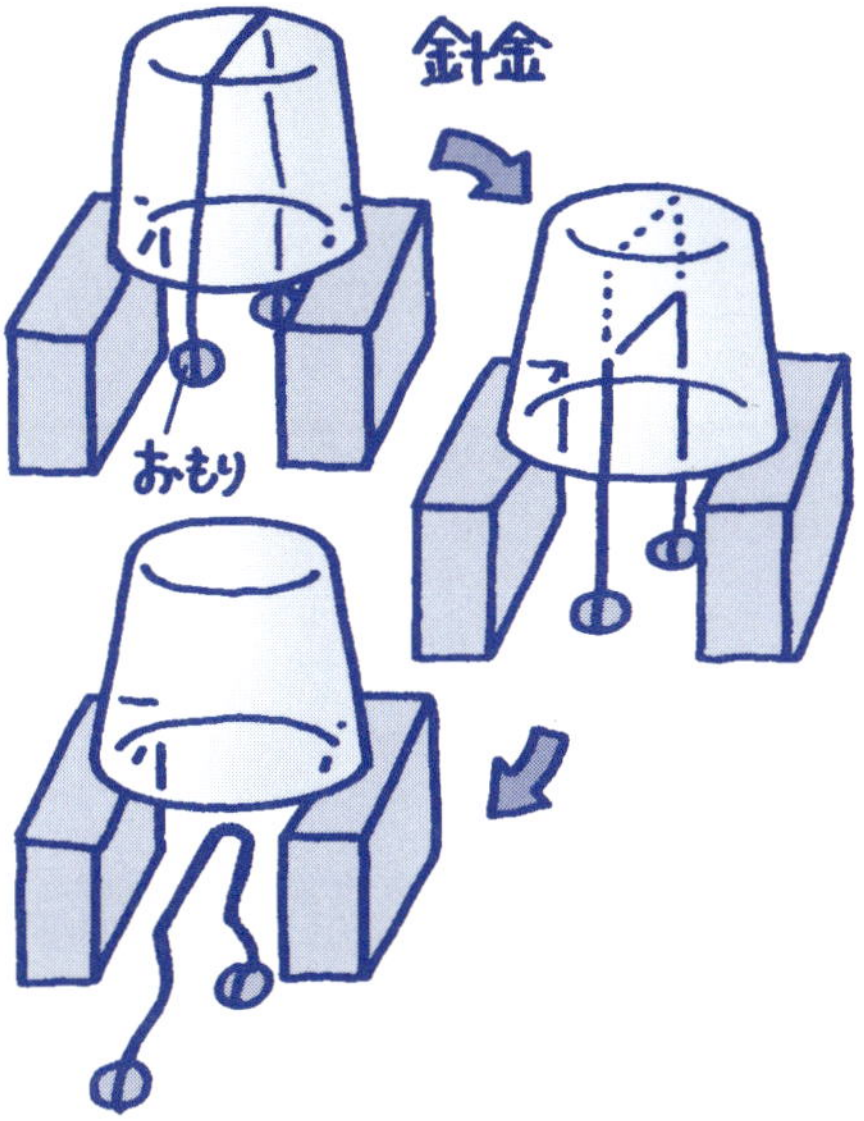

凍らない水

バケツなどの大きめの容器に氷水と食塩を入れて、0℃以下にします(81ページ)。その中でペットボトルに入れた水を冷やしてみましょう。

温度計で測りながら、－３℃から－4℃になるくらいまで、ペットボトルを動かさないように注意してゆっくりと冷やします。中の水が凍っていなければ成功です。

静かに取り出し、皿の上にその水を注いでみましょう。水が一瞬にして氷になっていきます。

たいてい、水は0℃で凍ります。ところが0℃以下でも凍らない場合があります。このような水は過冷却水といい、簡単に氷へ変化しようという状態にあります。そのような水は何かの刺激をきっかけにして、一瞬にして氷に変わっていくのです。

氷を使っていろいろと遊ぶと、もっと不思議なことが発見できるかもしれません。

↘蒸発（昇華：固体から気体になること）します。冷凍庫内でも、時間が経つにつれて氷はだんだん小さくなります。

実験・観察

真冬にシャボン玉

カラー➡p40

　ぷーっと息を吹き込むと、どんどんふくらんで、ふわりと空に飛んでいくシャボン玉。

　表面はきれいな虹色に見えますが、その色もしだいにうすくなり、ぱちんとはじけてなくなってしまいます。

　石けん液でつくるこのシャボン玉。冬につくって遊んだことはありますか。

丈夫なシャボン液のレシピ

　まずは、なかなか割れないシャボン玉をつくるためのレシピを紹介します。このレシピでつくったシャボン玉は季節に関係なく遊ぶことができます。

●合成洗剤

（界面活性剤が35％以上のもの）

●洗濯糊

（PVA・ポリビニルアルコール）

●水（できれば精製水）

　これを洗剤：糊：水＝１：３：６の割合でよく混ぜましょう。

　さあ、丈夫なシャボン玉をつくりだせるシャボン液ができました。さっそく、外でシャボン玉をふくらませてみましょう。

雪のびっくりメモ★江戸時代に古河藩の藩主土井利位は、顕微鏡で雪の結晶観察に熱心に取り組みました。1832年雪の結晶観察の結果を↗

外の気温が−10℃以下のときが真冬のシャボン玉を観察する絶好の機会です。いつもと同じようにシャボン玉をつくってみましょう。どんなことが起こるでしょうか？

空中に飛ばしたり雪の上に置いたり

ストローから離れると、ふわっと飛んでいってしまうシャボン玉。じっくり観察するために、雪の上にふくらませてみるのもよいでしょう。

きれいな虹色はどうなりますか。割れたあとはどうなるでしょうか。

気温がとても低いときは虹色はどんどん消えて、白くにごってきます。シャボン玉も凍るのです。そして壊れます。しかし、真冬のシャボン玉は消えてなくならないのです。

薄いガラスのように凍ったシャボン玉はヒラヒラと落ちてきます。雪の上にふくらませたシャボン玉で、じっくり観察してみましょう。白くなっていくのはどの部分からでしょうか。

↘「雪華図説」という本にまとめ出版しました。この本がもとになり、雪の結晶模様が着物や菓子などに使われ江戸庶民の間で流行しました。

雪のびっくりメモ★よく晴れた日の朝、気温が氷点下10℃以下の時に、空気中の水蒸気が直接氷となって、細かな氷の結晶が降ることがあります。↗

実験・観察

アイスフラワーを観察しよう

カラー➡p40

透き通った氷を太陽の光にかざして見える世界はまるで別世界のようにきれいですね。

しばらく見ていると、氷の中に花のような模様ができてくることがあります。これをアイスフラワーといいます。

準備するもの

小さめの発泡スチロールの箱（カップ麺等の器でもよい）、平らな金属板（フライパンやシンクなど）、皿、電気ストーブやハロゲンヒーター、虫眼鏡

アイスフラワーと呼ばれる模様

氷の中にできる花模様を世界で初めて発見したのはイギリスの科学者チンダルです。ですから、アイスフラワーは彼の名をとってチンダル像と呼ばれています。

氷のつくり方

①発泡スチロールの箱に、深さ５cmほどの水を入れます。

②ふたをしないで冷凍庫に入れて、表面に厚さ１～２cmの氷ができるまで待ちます。

③氷を取り出し、手頃な大きさに割ります。

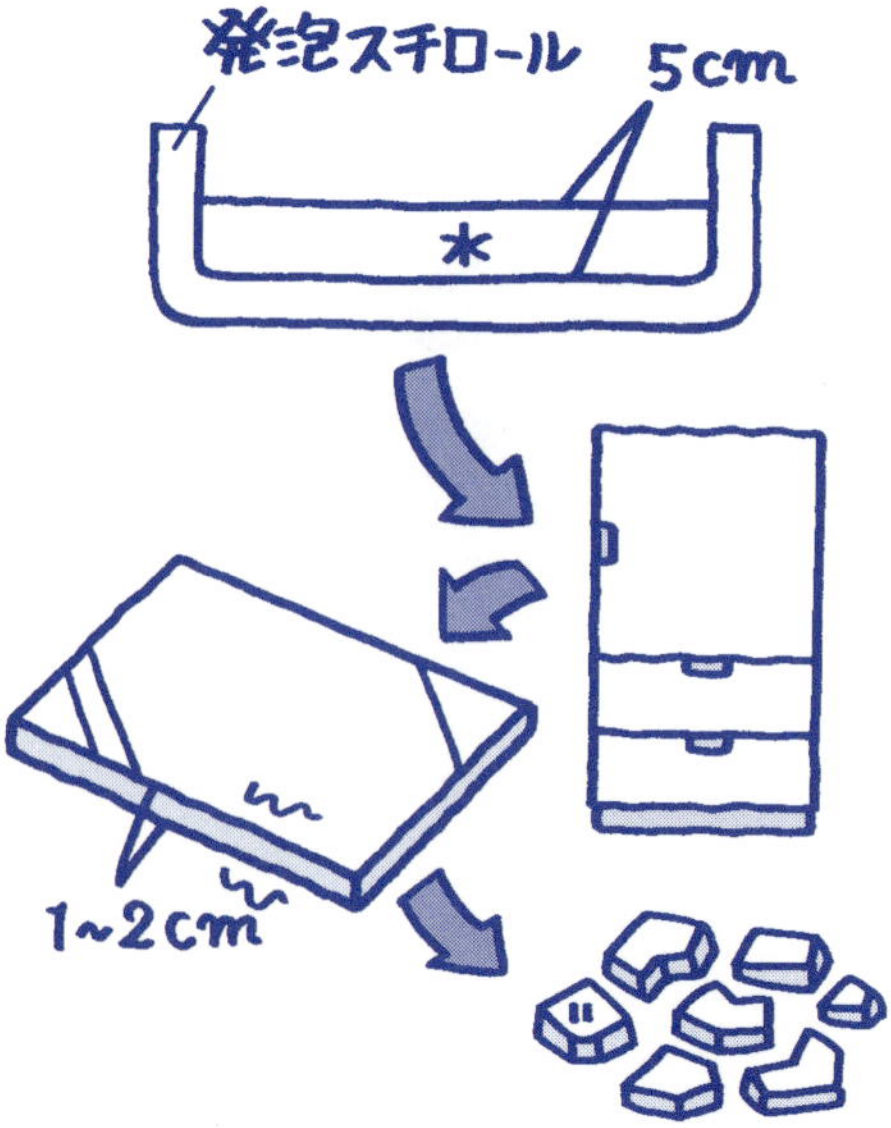

アイスフラワーの観察

①氷の表面を金属板などでこすって平らにします。
②氷を皿にのせ、電気ストーブやハロゲンヒーターで10～20cm位離れたところから温めます。
③氷が融け始め、中に小さな泡ができてきたら、虫眼鏡で観察しましょう。

天気がよい日は、直射日光に氷を向けて見ると良いでしょう。

観察のポイント

氷の中に小さな泡ができます。この泡は氷が水になるときに体積が減少するためにできた真空の泡*です。

＊実際には少し水蒸気が入っています

この泡を中心にアイスフラワーが広がります。温め方によって、雪の結晶の形や花の形、円形など、いろいろな形のアイスフラワーが観察できます。

↘これは日光で輝いて見えることから「ダイヤモンドダスト（細氷、氷霧）」と呼ばれています。

実験・観察

氷のレンズをつくろう

カラー➡p40

ガラスのように透明な氷をうまく削ったらレンズになるでしょうか。虫眼鏡のように物を拡大して見たり、光を集めて紙に火をつけたりできるでしょうか。

透明な氷からレンズをつくる

準備するもの
氷、ヤスリなど

外でゆっくり冷えてできた氷は、透明になっていることが多いです。そうしてできた氷をレンズのような形に削っていきましょう。

大まかな形をつくるにはヤスリが便利です。木工ヤスリという大きめで目があらいものだと早く削れます。ヤスリがなくても、コンクリートなどが出ている面があれば、うまく利用して削ることができそうです。

レンズとして使うためには、ザラザラになった表面をピカピカに仕上げなければいけません。

冷凍庫でレンズをつくろう

準備するもの
丸い容器、ラップ、湯ざまし
タオル、発泡スチロール

84ページの方法を利用して、冷凍庫で透明な氷をつくりましょう。最初から、レンズの形に近づけてつくれば良いのです。

レンズをのぞこう

つくったレンズは多少であってもレンズの役割をはたすでしょうか。手に持って腕を伸ばしてレンズの向こうの世界をのぞきましょう。逆さまになって見えますか。近くの物は大きく見えますか。

雪のびっくりメモ★ 太陽系には広い領域で氷が存在するといわれています。無人惑星探査機ボイジャー1号から送られてきた画像により、↗

準備するもの

黒っぽい紙、温度計

火をつけてみよう

気温が低く、太陽の出ている日はこれに挑戦する絶好の日。黒い紙を持って太陽の光をレンズで集めてみましょう。うまくいけば氷のレンズで紙に火をつけることができるかもしれません。

温度計があったら、氷のレンズで集めた光を当ててみましょう。温度が上がっているのがわかります。

温度を計ってみよう！
煙が出てきたよ！

つららの先にもレンズが

つららの先に水がついていることがあります。落雪に気をつけてのぞいてみましょう。つららの先についている水滴を通して見ると、先ほどと同じように逆さまの世界が見えます。

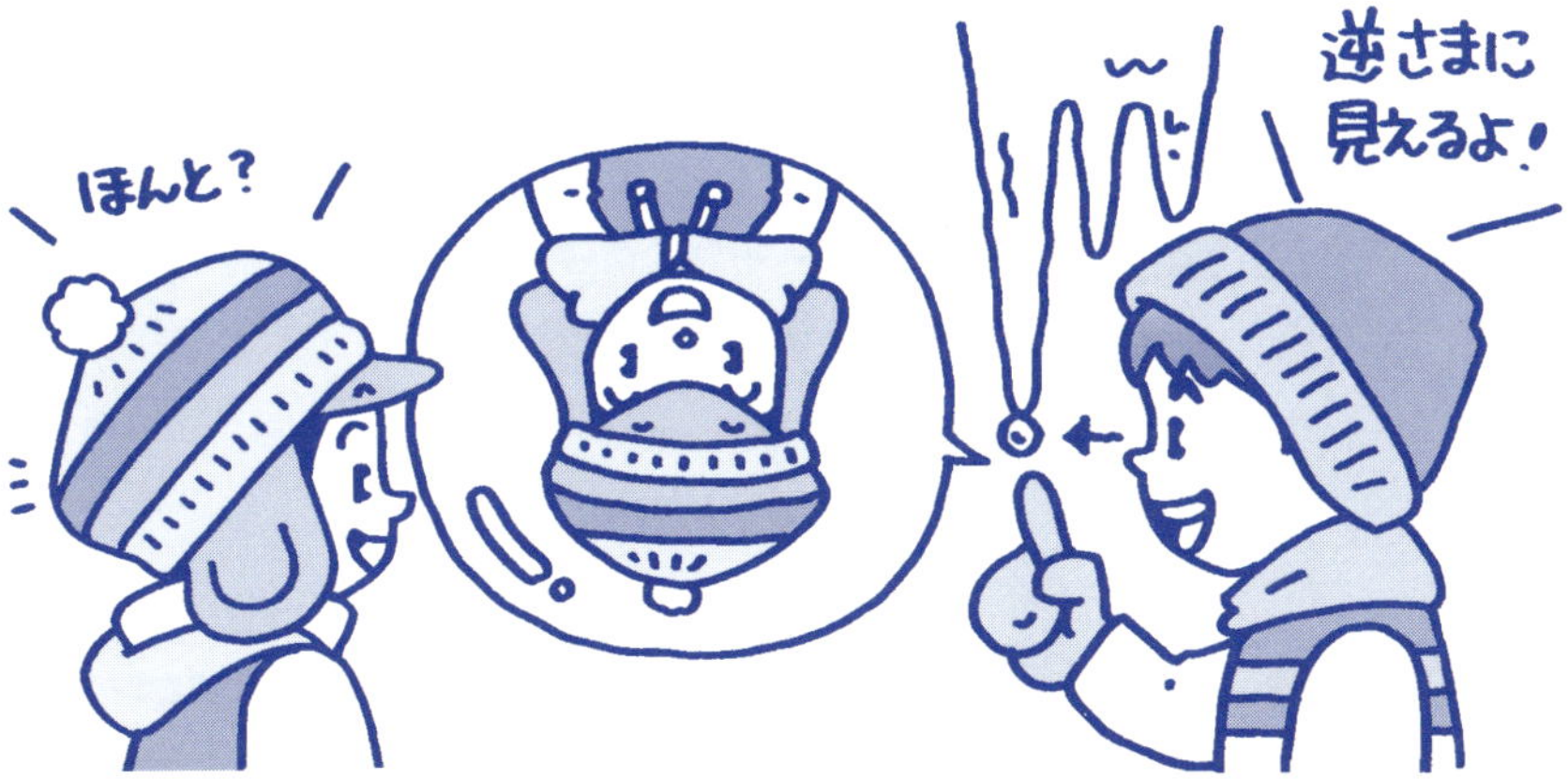

ほんと？
逆さまに見えるよ！

↘木星の3つの衛星（エウロパ、ガニメデ、カリスト）の表面に氷があることが確認されました。

実験・観察

南極の氷で何がわかるか

日本とは違って、一年中真っ白な世界というイメージの南極。一年の平均気温は－54℃。冷凍庫の中よりもずっと寒いのです。そんな南極には世界中の国々から調査隊が入っています。南極で何をしているのでしょうか。

南極の氷のでき方

フカフカの雪は踏まれ続けると、だんだん固くなっていきます。それをさらに押し固めていくと、最終的には氷へと変わります。

ずっと寒い日が続いている南極では雪がほとんど融けません。積もっていた雪の上にさらにまた雪が積もり……ということを何度も繰り返しています。はるか昔に積もった雪は、押しつぶされて氷になり、深いところにたまっていきます。

雪がフカフカなのは62ページでわかったように、空気をたくさん含んでいるからです。その雪が押しつぶされてできた南極の氷には、フカフカの元になっていた空気も一緒に閉じこめられています。ですから、南極の氷は、空気の泡が含まれている白い氷です。

その氷の厚さは厚いところではおよそ3000mにもなります。これほど厚い南極の氷ができあがるまでには、もの凄く長い年月がかかっているのです。

雪のびっくりメモ★ 氷河は、万年雪が自分の重みで圧縮され、長い年月をかけて氷になった山の斜面をゆっくりとすべり降りている氷の河です。

氷を掘り出すと何がわかる

100m下の氷は、約2500年前の雪からできたものです。2500年前というのは日本では縄文時代の終わり頃。その氷をうまく取りだして融かし、出てくる空気を集めると、縄文時代の空気を取りだすことができるのです。

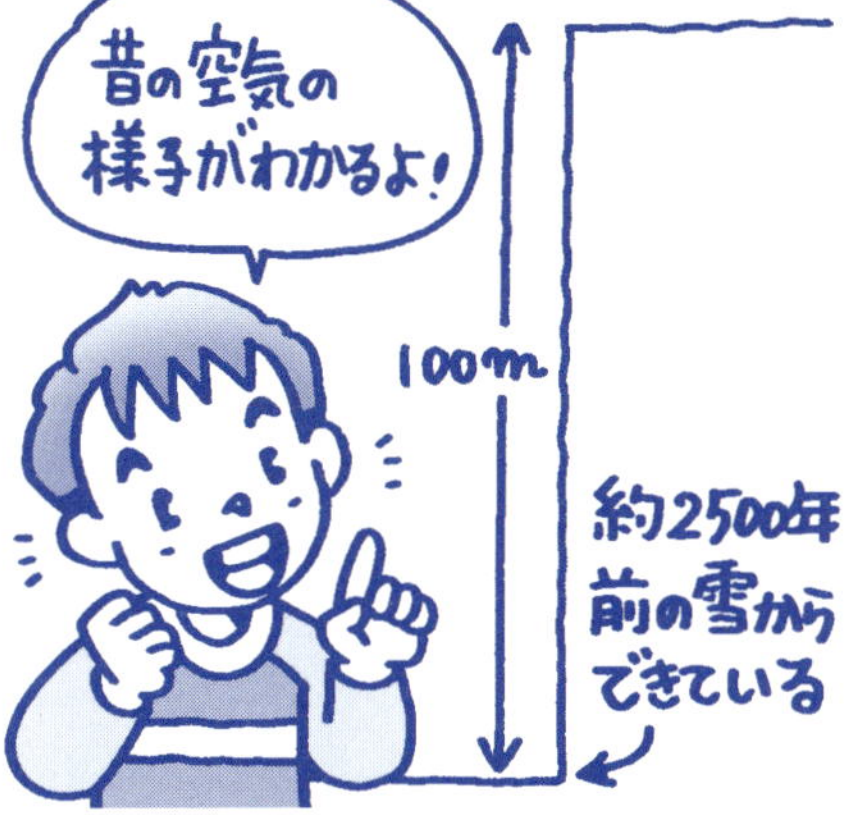

その空気を調べることによって、様々なことがわかります。たとえば地球温暖化の原因物質の一つとされる二酸化炭素の量が、昔はどうだったのか、どのように変化してきたのかを知る手がかりも得られます。

その他にもわかることがあります。ある場所で火山が噴火したとします。空気中にまき散らかされた細かい火山灰は、大変薄いベールのように大気中に漂ったあと、あらゆる場所に落ちてきます。南極にも落ちてきますから、噴火の記録が氷の層に含まれるのです。

このように、南極の氷を調べることで、大昔の地球の様子を調べることができます。

白いから隕石を見つけやすい

宇宙から落ちてくる隕石は宇宙のことを知るための貴重な資料です。私たちのまわりは、隕石と似たような色の地面でおおわれているので、隕石が落ちても探しだすのは大変です。

ところが真っ白な南極の雪原だと、黒っぽい隕石はよく目立ち発見がしやすいのです。

このような理由から、厳しい環境の南極にも世界の国々から研究者が集まってくるのです。

雪のびっくりメモ★1年間の降雪量世界一は、アメリカのワシントン州レーニア山で1971年2月19日から1年間に記録された31・1mです。

Column

流氷ってどこでできるの？

カラー➡p39

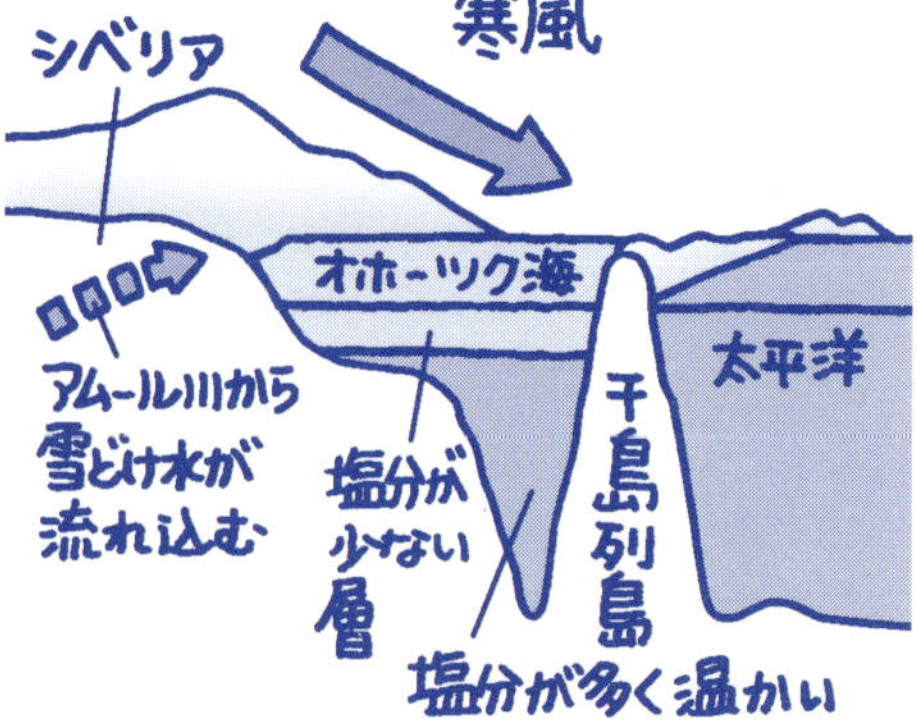

みなさんは流氷を見たことがありますか。日本では１月下旬～２月上旬にオホーツク海などにやってきます。ところで、この流氷はどこから流れてきたのでしょうか。

■流氷とは

流氷とは海に漂っている氷のことです。ですから、河川の水が凍った氷や、氷山等が崩れてできた氷も海を漂っていれば全て「流氷」と呼ばれます。オホーツク海に流れ着いた氷が流氷だと思っている人が多いようですが、海岸に定着してしまった氷は、正しくは流氷と呼ばずに定着氷と言います。

漁業に関わる人たちは流氷の到来をあまり歓迎しません。漁に出ることができなくなってしまうからです。

しかし、流氷の到来を待ち望んでいる人たちもいます。流氷見学はとても人気があるのです。流氷をガリガリと砕きながら突き進む流氷破砕船はシーズンになると、予約もとれないほどの人気です。

■流氷はどこでできるか

北海道のオホーツク海沿岸で見られる流氷は、サハリン北東部あたりからやってくると考えられています。

このあたりの海は周囲が陸に囲まれているために太平洋や日本海の海水があまり流れ込みません。

海流の動きがあまりないところにアムール川から大量の水が流れ込むと、海の表面は薄められて塩分の薄い層ができ、下層には塩分の濃い層ができます。

そこへ大陸から冷たい風が吹き込むと海水面が冷やされ、塩分が薄い表面近くの水が凍り始めます。

こうしてできた氷が少しずつ大きくなりながら南下し、北海道のオホーツク海沿岸へとやってくるのです。

また、１月下旬頃になると、北海道沿岸のオホーツク海の水も凍り始め、サハリンから流れてきた流氷と合流します。こうしてできた流氷が北海道のオホーツク海側に流れ着くのです。

雪のびっくりメモ★　流氷の天使とよばれるクリオネは、ハダカカメガイという肉食の巻き貝です。流氷がやってくる頃に多く見られます。

【参考文献】

●(財)日本自然保護協会『フィールドガイドシリーズ7　雪と氷の自然観察』平凡社（2001）
●おくやまひさし『自然と遊ぶ・作る・観察する』主婦の友社（1999）
●河川情報センター『Portal』2007年1・2月号No.61
●竹井史郎『すぐできるやさしいあそびの本　第7巻　雪・氷あそび』小峰書店（1990）
●倉賀野志郎『なぜにこだわるおもしろ理科教材60』学事出版（1998）
●『21世紀こども百科　科学館』小学館（2005）
●清水教高『学研まんが　ひみつシリーズ　天気100のひみつ』学習研究社（2001）
●大後美保『科学のアルバム別館　四季のお天気かんさつ』あかね書房（1979）
●白岩　等『チャイルド科学絵本館 なぜなぜクイズ絵本　ふゆ2月のなぜなぜ』チャイルド本社（2000）
●木下誠一『雪と氷のはなし』技報堂（1988）
●佐藤智　土井健次　武馬利江『スノーシューで雪遊びをしよう』パレード（2006）
●瀬戸佳祐『るるぶDO！雪上ハイキング　スノーシューの楽しみ方』JTBパブリッシング（2007）
●『RikaTan』2008年2月号　星の環会（2008）

【参考URL】

北海道立オホーツク流氷科学センター　http://giza-ryuhyo.com/index.htm
富山市科学博物館　http://www.tsm.toyama.toyama.jp/index.shtml
国立立山青少年自然の家　http://tateyama.niye.go.jp/
エンジョイ！雪遊び　http://www.yuki-asobi.com/#
氷に関するQ＆A　http://www.aquapia.co.jp/qa.htm
アイスキャンドル　http://homepage3.nifty.com/naya/ice-candle.htm
スノーキャンドル
http://www.katsudokyokai.or.jp/snowpro/snow/snowcandie.htm
子どもアサヒ　http://www.asagaku.com/index.html
ニチレイアットキッチン　http://www.nichirei.co.jp/kitchen/ice/ice_b01.html
NGKサイエンスサイト　http://www.ngk.co.jp/site/no13/content.htm

雪のびっくりメモ★冬（12月〜2月）の平均気温が17・2℃の沖縄県久米島でも、1977年2月17日に、みぞれが観測されました。

【雪遊び達人倶楽部】プロフィール

青野《あおの》裕幸《ひろゆき》●千歳市立駒里中学校教諭
北海道室蘭市出身。子どもたちには、身のまわりの自然に少しでも興味を持ってもらえるようにと思い、授業をしています。そこから学ぶことは非常に多いのです。カメラ片手に放浪の旅に出るのが大好きで、気づいた様々なことをブログで公開中。
http://wisdom96.exblog.jp/

市村慈規《いちむらよしのり》●南幌町立みどり野小学校教諭
北海道岩見沢市出身。冬の森の中で雪の上に寝転がって空を見ると静かでとても気持ちよいです。雪の上の動物の足跡をたどりながら行動を推理すると動物の意外な行動に気づくことができます。自然の中にたくさんある不思議なことを子どもたちと一緒に発見していきたいと思っています。

加藤《かとう》一義《かずよし》●江別市立江別第一中学校教諭
北海道函館市出身。北海道出身でありながらもスキーが苦手で、友だちとゲレンデに行ってはそり遊びに興じていました。最近はおいしいものを食べるのが趣味。子どもたちには日常生活の些細なことの中にある不思議を楽しめる心を持って欲しいと思っています。

北山《きたやま》郁実《いくみ》●豊浦町立豊浦小学校教諭
北海道江別市出身。幼いころの冬は、家の近くの雪山で、毎日しり滑りやそり滑りを楽しんでいました。趣味は水泳です。水の中でどんな遊びができるか考えるのが大好きです。日々、子どもたちに「楽しかった」と言ってもらえる授業を目指して奮闘しています。

齋藤《さいとう》勝樹《まさき》●江別市立大麻東中学校教諭
北海道札幌市出身。子どものころは、朝から晩まで、袖につららができるほど、雪遊びを楽しんでいました。雪遊びの面白さは、これからもずっとずっと変わらないものだと思っています。日頃、授業では子どもたちとともに科学を楽しみながら、自分自身も学んでいます。

● 編集　内田直子
● イラスト　種田瑞子
● デザイン　渡辺美知子デザイン室＋
　リトルこうちゃん
● 協力　米里保育園（北海道札幌市）
　松谷美喜（北海道江別市・大麻幼稚園教諭）
● 写真提供　Wisdom96

雪遊び達人ブック

2008年11月24日第1刷発行

編著者●雪遊び達人倶楽部©
発行人●新沼光太郎
発行所●株式会社いかだ社
〒102-0072　東京都千代田区飯田橋2-4-10　加島ビル
Tel03-3234-5365　Fax03-3234-5308
振替·00130-2-572993
印刷·製本　株式会社ミツワ

乱丁·落丁の場合はお取り換えいたします。
ISBN978-4-87051-244-3